资助单位：
南京大学长江三角洲经济社会发展研究中心
中国特色社会主义经济建设协同创新中心
江苏高校协同创新中心（区域经济转型与管理变革）

南京大学长江三角洲经济社会发展研究中心年度自选项目
（项目批准号：2020-NDCSJ-02-03）

Data Report on Economic and Social Development
in the Yangtze River Delta
Education

长江三角洲经济社会发展数据报告

教育

孙俊华 宗晓华 余秀兰／著

科学出版社
北　京

内 容 简 介

本报告依托长江三角洲经济社会发展数据库,从空间维度(16个城市或两省一市)和时间维度(2000~2018年)展开,基于长三角核心区的教育发展演变态势、构成、结构关联等视角,用详细的数据客观反映了长三角核心区的教育特征与变迁,较好地把握了长三角地区教育要素状况、特征,有助于提升各类决策者分析判断的有效性、精准性。

本报告以数据为证,其自身就是长江三角洲经济快速增长的证明。本报告对各类经济主体特别是关心教育的主体的决策判断、职能部门的政策制定、经济运行的学术研究,能够起到积极的作用。

图书在版编目(CIP)数据

长江三角洲经济社会发展数据报告. 教育 / 孙俊华,宗晓华,余秀兰著. —北京:科学出版社,2022.1
ISBN 978-7-03-070262-3

Ⅰ. ①长… Ⅱ. ①孙… ②宗… ③余… Ⅲ. ①长江三角洲-区域经济发展-研究报告②长江三角洲-教育事业-发展-研究报告 Ⅳ. ①F127.5

中国版本图书馆CIP数据核字(2021)第218184号

责任编辑:杨婵娟 姚培培 / 责任校对:刘 芳
责任印制:徐晓晨 / 封面设计:有道文化

科 学 出 版 社 出版
北京东黄城根北街16号
邮政编码:100717
http://www.sciencep.com

北京建宏印刷有限公司 印刷
科学出版社发行 各地新华书店经销

*

2022年1月第 一 版 开本:720×1000 1/16
2022年1月第一次印刷 印张:12 1/4
字数:247 000
定价:79.00元
(如有印装质量问题,我社负责调换)

"长江三角洲经济社会发展数据报告"(系列)
编委会

主　任　洪银兴
副主任　范从来　姜　宁(执行)　黄繁华
成　员（按姓氏拼音排序）
　　　　安同良　范从来　葛　扬　洪银兴
　　　　黄繁华　姜　宁　李晓春　刘志彪
　　　　马野青　曲兆鹏　沈坤荣　孙宁华
　　　　王思彤　魏守华　张二震　赵　华
　　　　郑江淮

前　言

南京大学长江三角洲经济社会发展研究中心（以下简称中心）成立于2001年，是教育部人文社会科学重点研究基地。中心的定位是以长江三角洲（简称长三角）地区为研究对象，致力于建设成为中国区域经济与社会发展研究的顶级学术机构。同时，中心还将努力建设成为服务于科研、社会及区域经济发展的综合性智库类咨询机构，"长江三角洲经济社会发展数据报告"（系列）即中心在此方面努力实践的成果。

一

改革开放以来，中国经济经历了40多年的高速发展，经济社会的进步有目共睹。但进入21世纪，经济社会发展的新情况、新问题不断涌现，其中有两个新的社会现象不容忽视。

（1）随着经济的发展和社会的进步，经济及社会活动的决策主体越来越分散化、多元化，并且决策过程中的自主分析能力显著加强，包括各类企业的市场交易与投资决策、家庭经济活动的消费与投资决策，以及各类经济与社会管理职能部门决策。除了对体制性指令的执行、专业机构报告的参考之外，决策者会加入相当的自主思考和分析。

（2）随着互联网和人工智能技术的发展，大数据运用成为现实，技术进步为我们带来了无限的想象空间。现实中，大数据报告对决策者的分析决策产生了巨大的影响力。但大数据报告在为我们带来诸多积极效应的同时，也产生了一些误区和盲区。一是大数据的即时性、横向性特点，使得其有效性主要在于面上的横向比较，而缺少时间序列的纵向比较；二是大数据采集的广博性特点，使得其缺少数据指标的内在联系，虽然数据量巨大，但无法产生有效结论，甚至可能产生错误的结论。

基于上述两个社会现象，一方面，需要专业性学术机构的深入研究；另一方面，需要专门类咨询机构的积极响应。中心依托长江三角洲经济社会发展数据库，组织专门工作团队，撰写"长江三角洲经济社会发展数据报告"（系列）。其目的是，为多元、分散的各类决策主体提供一份简洁充分、方便有效的基础数据报告，为具体决策分析提供一份不带结论性导向的基础性分析资料。

"长江三角洲经济社会发展数据报告"（系列）包括一个综合报告及若干专题报告，计划并实施中的专题报告有"教育""人口与劳动力""农业""医疗卫生与养老""对外经济""文化及相关产业""工业""房地产业"等。

二

掌握经济社会发展现状，预测经济社会运行趋势，在现实工作中，不仅非常必要，而且具有技术上的可行性。

经济增长是在一定的资源约束下进行的，资源的积累是经济持续增长的内生动力。从经济发展的历史数据中，可以探寻经济发展的要素特征与驱动因素，从而进行经济预测。长三角地区能够实现持续的经济高速增长，具有内在的必然性、要素结构的合理性和增长的可持续性，且能够通过历史数据呈现出来。

掌握宏观经济运行状况、进行经济增长趋势预测，首先需要回答三个问题：发展的模式是否可持续？是否具备了内生的合理性？要素积累是否能够对经济持续增长起支撑作用？各统计年鉴中的统计数据能够回答上述问题。统计年鉴是国家统计部门编印的、全面反映国家及各省（自治区、直辖市）的经济和社会发展情况的、最全面、最规范、最具权威性的数据资料。但统计年鉴的编排方式，以行政区划为单位，在时间上、空间上的关联性较弱，大大降低了统计年鉴的可读性，从而降低了其使用价值。因此，需要一部在统计年鉴基础上进行数据处理、体现数据关联性的报告。

本报告——《长江三角洲经济社会发展数据报告·教育》继《长江三角洲经济社会发展数据报告·综合》之后，依托长江三角洲经济社会发展数据库（其基础数据来源为统计部门数据，部分城市部分年份的数据缺失，但不影响整体分析），从长

前言

三角核心区的空间维度（16个城市或两省一市）和时间维度（2000~2018年）展开，从长三角核心区16个城市的教育发展演变态势、构成、结构关联等视角，来反映长三角核心区16个城市的教育特征与变迁，能够较好地把握长三角地区教育要素状况、特征，有助于提升各类决策者分析判断的有效性、精准性。

本报告针对统计年鉴的不足，进行了更加系统化、专业化的编排，呈现出区域间的经济关联，以及2000~2018年时间维度上的要素变迁，既从空间维度上展示了长三角核心区城市的区域关联，也从时间维度上反映了经济要素的消长变化。本报告能够对各类经济主体的决策判断、相关职能部门的政策讨论与制定，以及各类专业研究报告的数据参考比照等起到重要的辅助作用。

三

《长江三角洲经济社会发展数据报告·教育》是我们对长江三角洲经济社会发展数据库数据的再开发，是一部全面、系统地反映长三角城市群教育状况的基础数据分析资料，也是我们努力服务于社会的实践见证。另外，由于数据收集上的困难，本报告部分图表有数据缺失，但这并不影响我们对长三角教育的整体分析。

对本报告做出贡献的还有郭丽、赵慧婕、王立成、徐璞、余碧莲、操若璠。

本报告的出版，还要特别感谢科学出版社的鼎力支持以及责任编辑杨婵娟的辛勤努力。

《长江三角洲经济社会发展数据报告》编委会

2021年4月

目 录

前言 i

1 从业人员 1
    1.1   教育从业人员 2
    1.2   科学研究、技术服务和地质勘查业从业人员 9
    1.3   R&D 人员 17

2 经费投入与支出 25
    2.1   教育经费总投入 26
    2.2   教育事业费支出 47
    2.3   生均一般公共预算教育事业费支出 52
    2.4   科学事业费支出 53
    2.5   R&D 经费支出 60

3 高等学校 65
    3.1   普通高等学校数 66
    3.2   普通高等学校专任教师数 72
    3.3   普通高等学校在校生数 78
    3.4   每万人中普通高等学校在校生数 85
    3.5   普通高等学校生师比 90

3.6 成人高等学校数 ………………………………………………………… 95
3.7 成人高等学校在校生数 ……………………………………………… 98
3.8 每万人中成人高等学校在校生数 …………………………………… 102

4 中等职业学校 ……………………………………………………………… 105

4.1 中等职业学校数 ………………………………………………………… 106
4.2 中等职业学校专任教师数 …………………………………………… 111
4.3 中等职业学校在校生数 ……………………………………………… 117
4.4 中等职业学校生师比 ………………………………………………… 122

5 普通中学 …………………………………………………………………… 127

5.1 普通中学数 ……………………………………………………………… 128
5.2 普通中学专任教师数 ………………………………………………… 134
5.3 普通中学在校生数 …………………………………………………… 141
5.4 普通中学生师比 ……………………………………………………… 152

6 普通小学 …………………………………………………………………… 159

6.1 普通小学数 ……………………………………………………………… 160
6.2 普通小学专任教师数 ………………………………………………… 166
6.3 普通小学在校生数 …………………………………………………… 173
6.4 普通小学生师比 ……………………………………………………… 179

1 从业人员

从业人员是指从事一定社会劳动并取得劳动报酬或经营收入的人员。这一指标反映了一定时期内特定行业全部人力资源的实际利用情况,是研究教育行业的重要指标。由于教育行业尤其是高等教育与科学研究及研究与发展(R&D)具有紧密的联系,所以本章将重点分析长三角核心区16个城市的教育从业人员,科学研究、技术服务和地质勘查业从业人员,以及R&D人员情况。

1.1 教育从业人员

教育从业人员指从事按照国家有关法规开办的各级各类教育机构的活动,以及其他与教育相关活动的人员。2000~2018年长三角核心区16个城市教育从业人员数如表1-1所示。

表1-1 2000~2018年长三角核心区16个城市教育从业人员数(单位:万人)

城市	2000年	2001年	2002年	2003年	2004年	2005年	2006年
上海市	34.13	33.25	30.22	25.01	25.28	25.65	25.77
南京市	11.58	11.66	11.69	10.31	11.36	10.81	11.14
无锡市	6.44	6.37	6.30	6.26	6.10	6.07	6.22
常州市	4.35	4.31	4.25	4.02	4.08	4.05	4.45
苏州市	8.17	8.37	8.22	7.48	6.70	7.10	6.93
南通市	7.72	7.35	7.50	7.11	6.98	7.09	7.26
扬州市	5.05	4.98	4.86	4.57	4.64	4.62	4.74
镇江市	3.68	3.67	3.74	3.48	3.44	3.48	3.40
泰州市	4.77	4.73	4.85	4.54	4.70	4.77	4.77
杭州市	10.30	10.54	10.95	10.04	9.98	10.43	11.01
宁波市	6.43	6.67	6.78	6.31	6.56	6.84	6.94
嘉兴市	3.67	3.72	3.96	3.76	3.65	3.97	4.13
湖州市	2.65	2.60	2.79	2.54	2.56	2.24	2.61
绍兴市	4.28	4.42	4.54	4.27	4.48	4.57	4.68
舟山市	1.34	1.39	1.30	1.18	1.20	1.18	1.16
台州市	5.03	5.10	5.33	5.00	5.06	5.17	5.33

续表

城市	2007年	2008年	2009年	2010年	2011年	2012年
上海市	26.23	27.10	26.75	26.14	27.73	27.99
南京市	11.26	11.48	11.52	11.54	11.98	13.04
无锡市	6.28	6.29	6.36	6.36	6.49	6.30
常州市	4.48	4.51	4.56	4.72	4.73	4.79
苏州市	7.17	7.36	7.52	7.67	7.90	7.80
南通市	7.24	7.28	7.23	7.12	7.28	7.67
扬州市	4.78	4.88	4.84	4.91	5.18	5.39
镇江市	3.43	3.42	3.46	3.47	3.53	3.59
泰州市	4.84	4.86	4.87	5.02	5.06	5.10
杭州市	11.68	12.10	12.78	14.41	15.27	16.14
宁波市	7.04	7.07	7.20	7.42	7.83	8.45
嘉兴市	4.28	4.46	4.68	4.84	4.98	5.16
湖州市	2.71	2.72	2.73	2.81	2.89	3.09
绍兴市	4.87	5.00	5.08	5.20	5.37	5.57
舟山市	1.16	1.21	1.28	1.38	1.36	1.43
台州市	5.47	5.66	5.67	5.92	5.91	6.15

城市	2013年	2014年	2015年	2016年	2017年	2018年
上海市	29.50	34.88	34.11	29.68	30.80	31.88
南京市	11.77	14.74	14.75	14.82	14.73	16.26
无锡市	6.69	6.74	6.54	6.66	6.59	6.86
常州市	4.99	5.33	5.48	5.54	5.58	5.84
苏州市	9.51	9.68	10.25	10.14	10.73	11.33
南通市	7.40	7.79	7.74	7.70	7.11	7.50
扬州市	5.71	6.06	6.83	6.02	5.65	4.59
镇江市	3.75	3.82	3.89	3.78	3.64	3.49
泰州市	5.12	5.09	5.08	4.98	4.92	4.95
杭州市	16.91	17.48	17.83	18.14	18.69	18.96
宁波市	8.91	8.96	8.96	9.09	9.17	9.20
嘉兴市	5.29	5.44	5.46	5.53	5.72	5.88
湖州市	3.2	3.22	3.20	3.25	3.28	3.33

续表

城市	2013年	2014年	2015年	2016年	2017年	2018年
绍兴市	5.43	5.72	5.75	5.79	6.03	6.39
舟山市	1.46	1.53	1.50	1.53	1.48	1.55
台州市	6.20	6.27	6.36	6.33	6.42	6.63

1.1.1 从数字看态势

如表1-2所示,2018年长三角核心区16个城市教育从业人员总数为144.64万人。其中,上海市教育从业人员数最多,达到31.88万人;舟山市教育从业人员数最少,仅为1.55万人。

2000～2018年,除扬州市、上海市、镇江市和南通市外,长三角核心区其他城市的教育从业人员数均有所上升。上海市的教育从业人员数从2000年的34.13万人下降到2018年的31.88万人,增长了-0.07倍,年均增长率为-0.38%。杭州市教育从业人员数从2000年的10.30万人上升为2018年的18.96万人,增长了0.84倍,年均增长率最高,达到了3.45%;嘉兴市年均增长率为2.65%,列第二位;绍兴市和宁波市分别以2.25%、2.01%的年均增长率位居第三和第四。

表1-2　2000～2018年长三角核心区16个城市教育从业人员数增长情况

地区	2000年教育从业人员数（万人）	2018年教育从业人员数（万人）	2000～2018年增幅（倍）	2000～2018年年均增长率（%）
上海市	34.13	31.88	-0.07	-0.38
南京市	11.58	16.26	0.40	1.90
无锡市	6.44	6.86	0.07	0.35
常州市	4.35	5.84	0.34	1.65
苏州市	8.17	11.33	0.39	1.83
南通市	7.72	7.50	-0.03	-0.16
扬州市	5.05	4.59	-0.09	-0.53
镇江市	3.68	3.49	-0.05	-0.29
泰州市	4.77	4.95	0.04	0.21
杭州市	10.30	18.96	0.84	3.45
宁波市	6.43	9.20	0.43	2.01

续表

地区	2000年教育从业人员数（万人）	2018年教育从业人员数（万人）	2000～2018年增幅（倍）	2000～2018年年均增长率（%）
嘉兴市	3.67	5.88	0.60	2.65
湖州市	2.65	3.33	0.26	1.28
绍兴市	4.28	6.39	0.49	2.25
舟山市	1.34	1.55	0.16	0.81
台州市	5.03	6.63	0.32	1.55
上海市	34.13	31.88	-0.07	-0.38
江苏地区	51.76	60.82	0.18	0.90
浙江地区	33.70	51.94	0.54	2.43
总计	119.59	144.64	0.21	1.06

注：江苏地区是指江苏省属于长三角核心区的8个城市，浙江地区是指浙江省属于长三角核心区的7个城市。后同。

如图1-1所示，除扬州市、上海市、镇江市和南通市外，长三角核心区12个城市教育从业人员数基本保持增长态势。2018年，上海市、杭州市、南京市、苏州市和宁波市等5个城市教育从业人员数列前五位。

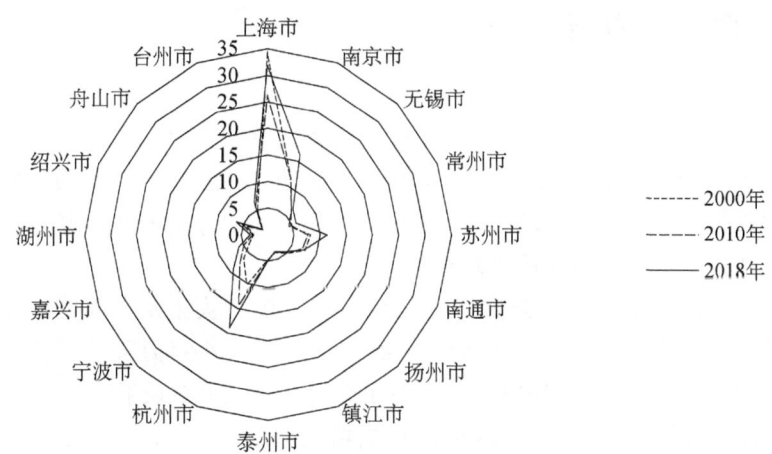

图1-1 2000年、2010年和2018年长三角核心区16个城市教育从业人员数变化情况
（单位：万人）

由图1-2可知，2018年，长三角核心区16个城市教育从业人员数的平均值为9.04万人。上海市、杭州市、南京市、苏州市和宁波市等5个城市的教育从业人员数高于

平均值，这5个城市教育从业人员总数为87.62万人①，占长三角核心区教育从业人员数的60.58%。宁波市教育从业人员数偏离平均值最小，上海市教育从业人员数偏离平均值最大。总体上，长三角核心区大部分城市的教育从业人员数都分布在平均值上下8万人的区间内。

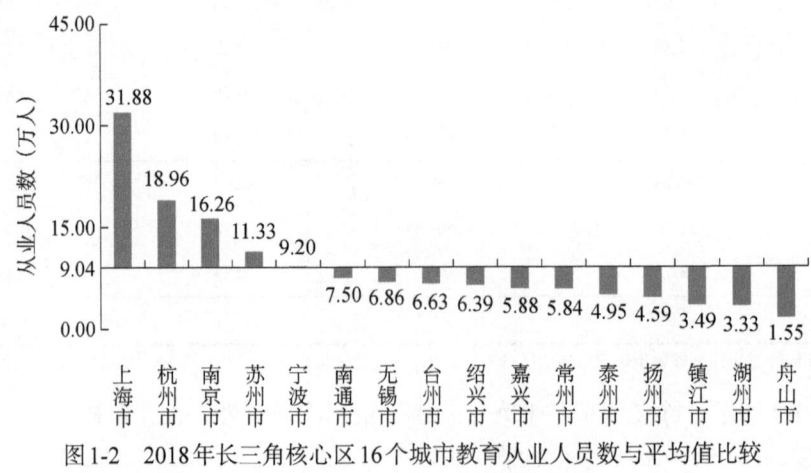

图1-2　2018年长三角核心区16个城市教育从业人员数与平均值比较

1.1.2　从增速看发展

如图1-3所示，2000~2018年，长三角核心区16个城市教育从业人员数的总年均增长率为1.06%。杭州市、嘉兴市、绍兴市、宁波市、南京市、苏州市、常州市、台州市和湖州市等9个城市的教育从业人员数年均增长率高于总年均增长率。其中，湖州市的年均增长率与总年均增长率差异最小。

如表1-3所示，从2000年开始，长三角核心区教育从业人员数总体保持增长趋势，教育从业人员总数由119.59万人增长到2018年的144.64万人，增长了0.21倍，年均增长率为1.06%。2000~2018年，上海市教育从业人员增长了-0.07倍，年均增长率为-0.38%；江苏地区增长了0.18倍，年均增长率为0.90%；浙江地区增长了0.54倍，年均增长率为2.43%。

---

① 因四舍五入原因，计算所得数值有时与实际数值有些微出入，特此说明。

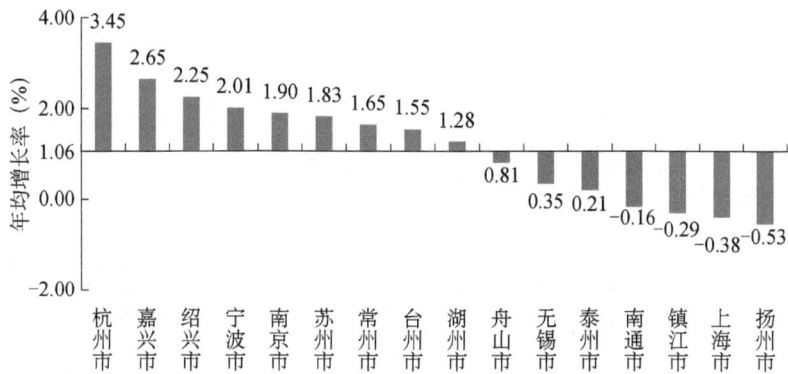

图1-3 2000~2018年长三角核心区16个城市教育从业人员数年均增长率与总年均增长率比较

表1-3 2000~2018年上海市、江苏地区和浙江地区教育从业人员数

(单位:万人)

地区	2000年	2001年	2002年	2003年	2004年	2005年	2006年
上海市	34.13	33.25	30.22	25.01	25.28	25.65	25.77
江苏地区	51.76	51.44	51.41	47.77	48.00	47.99	48.91
浙江地区	33.70	34.44	35.65	33.10	33.49	34.40	35.86
总计	119.59	119.13	117.28	105.88	106.77	108.04	110.54
地区	2007年	2008年	2009年	2010年	2011年	2012年	2013年
上海市	26.23	27.10	26.75	26.14	27.73	27.99	29.50
江苏地区	49.48	50.08	50.36	50.81	52.15	53.68	54.94
浙江地区	37.21	38.22	39.42	41.98	43.61	45.99	47.40
总计	112.92	115.40	116.53	118.93	123.49	127.66	131.84
地区	2014年	2015年	2016年	2017年	2018年	2000~2018年增幅(倍)	2000~2018年年均增长率(%)
上海市	34.88	34.11	29.68	30.80	31.88	-0.07	-0.38
江苏地区	59.25	60.56	59.64	58.95	60.82	0.18	0.90
浙江地区	48.62	49.06	49.66	50.79	51.94	0.54	2.43
总计	142.75	143.73	138.98	140.54	144.64	0.21	1.06

由图1-4可知,自2000年以来,长三角核心区教育从业人员数总体上保持着稳定的上升趋势,仅在2003年与2016年出现过明显的短暂下滑,之后又恢复了增长。其

中，江苏地区教育从业人员数最多，其次是浙江地区，上海市教育从业人员数最少。

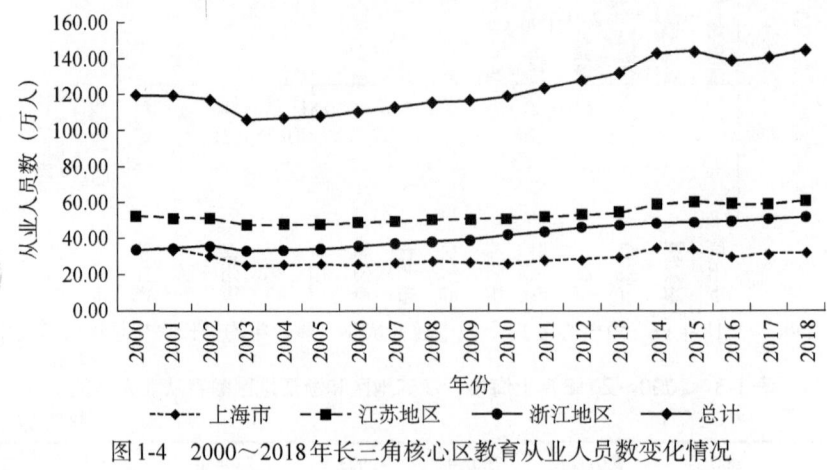

图1-4　2000～2018年长三角核心区教育从业人员数变化情况

1.1.3　从构成看特征

如表1-4所示，2018年长三角核心区16个城市教育从业人员总数为144.64万人。总体而言，江苏地区教育从业人员数最多，达到60.82万人，占比为42.05%；之后依次为浙江地区和上海市，分别达到51.94万人和31.88万人，占比分别为35.91%和22.04%。

从江苏地区来看，南京市教育从业人员数最多，达到16.26万人，占比为11.24%；苏州市和南通市分别位列第二和第三。从浙江地区来看，杭州市教育从业人员数最多，达到18.96万人，占比为13.11%；宁波市和台州市分别位列第二、第三。

2018年，长三角核心区16个城市户籍人口总数为8891万人，长三角核心区16个城市教育从业人员总数占户籍人口总数的1.63%。总体而言，从地区来看，上海市教育从业人员数占户籍人口数比例最大，达到2.18%；之后依次为浙江地区和江苏地区，占比分别为1.65%和1.42%。杭州市教育从业人员数占户籍人口数的2.45%，在16个城市中列第一位；南通市和泰州市的教育从业人员数均占户籍人口数的0.98%，在16个城市中列最后一位。

表1-4 2018年长三角核心区16个城市教育从业人员数及其占户籍人口数的比重

地区	教育从业人员 总数（万人）	占比（%）	户籍人口数（万人）	教育从业人员数占户籍人口数的比重（%）
上海市	31.88	22.04	1462	2.18
南京市	16.26	11.24	697	2.33
无锡市	6.86	4.74	497	1.38
常州市	5.84	4.04	382	1.53
苏州市	11.33	7.83	704	1.61
南通市	7.50	5.19	763	0.98
扬州市	4.59	3.17	459	1.00
镇江市	3.49	2.41	271	1.29
泰州市	4.95	3.42	503	0.98
杭州市	18.96	13.11	774	2.45
宁波市	9.20	6.36	603	1.53
嘉兴市	5.88	4.07	360	1.63
湖州市	3.33	2.30	267	1.25
绍兴市	6.39	4.42	447	1.43
舟山市	1.55	1.07	97	1.60
台州市	6.63	4.58	605	1.10
上海市	31.88	22.04	1462	2.18
江苏地区	60.82	42.05	4276	1.42
浙江地区	51.94	35.91	3153	1.65
总计	144.64	100.00	8891	1.63

1.2 科学研究、技术服务和地质勘查业从业人员

科学研究、技术服务和地质勘查业从业人员包括研究与试验发展人员、专业技术服务业人员、科技交流和推广服务业人员、地质勘查业人员。2000~2018年长三角核心区16个城市科学研究、技术服务和地质勘查业从业人员数如表1-5所示。

表1-5 2000~2018年长三角核心区16个城市科学研究、技术服务和地质勘查业从业人员数

（单位：万人）

城市	2000年	2001年	2002年	2003年	2004年	2005年	2006年
上海市	10.36	10.01	9.18	10.31	11.29	13.21	14.11
南京市	3.57	3.40	3.08	3.01	3.07	3.35	3.46
无锡市	0.84	0.75	0.73	0.96	0.98	1.04	1.07
常州市	0.40	0.40	0.40	0.47	0.49	0.54	0.50
苏州市	0.66	0.60	0.60	0.60	0.53	0.61	0.52
南通市	0.39	0.43	0.40	0.47	0.43	0.40	0.42
扬州市	0.43	0.42	0.43	0.38	0.43	0.43	0.44
镇江市	0.24	0.25	0.25	0.45	0.48	0.45	0.44
泰州市	0.21	0.21	0.23	0.38	0.34	0.32	0.31
杭州市	2.37	2.27	2.40	2.88	2.76	3.03	3.67
宁波市	0.45	0.53	0.60	0.97	0.99	0.97	1.07
嘉兴市	0.27	0.29	0.32	0.52	0.48	0.51	0.54
湖州市	0.18	0.09	0.11	0.25	0.23	0.25	0.29
绍兴市	0.18	0.18	0.22	0.36	0.35	0.31	0.34
舟山市	0.08	0.13	0.12	0.15	0.17	0.17	0.17
台州市	0.16	0.20	0.21	0.48	0.49	0.57	0.60
城市	2007年	2008年	2009年	2010年	2011年	2012年	
上海市	15.63	18.13	20.91	23.25	12.36	12.23	
南京市	3.40	3.60	3.84	4.36	4.67	5.29	
无锡市	1.04	1.10	1.13	1.20	1.21	1.18	
常州市	0.55	0.60	0.65	0.75	0.87	0.68	
苏州市	0.54	0.60	0.60	0.73	0.79	0.85	
南通市	0.43	0.41	0.41	0.43	0.44	0.50	
扬州市	0.44	0.45	0.45	0.47	0.52	0.56	
镇江市	0.47	0.50	0.53	0.52	0.75	0.82	
泰州市	0.30	0.25	0.29	0.36	0.43	0.51	
杭州市	4.14	4.63	5.24	8.52	9.26	10.30	
宁波市	1.08	1.14	1.25	1.33	1.73	1.88	
嘉兴市	0.59	0.62	0.72	0.73	0.85	0.95	

续表

城市	2007年	2008年	2009年	2010年	2011年	2012年
湖州市	0.30	0.37	0.37	0.40	0.32	0.40
绍兴市	0.39	0.38	0.53	0.56	0.58	0.63
舟山市	0.17	0.19	0.18	0.25	0.21	0.34
台州市	0.62	0.59	0.61	0.65	0.69	0.96

城市	2013年	2014年	2015年	2016年	2017年	2018年
上海市	20.30	24.95	25.53	23.19	24.55	26.89
南京市	6.59	7.23	8.11	8.20	8.62	7.89
无锡市	1.63	1.54	1.56	1.59	1.71	1.55
常州市	0.95	1.16	1.24	1.12	1.38	1.77
苏州市	2.35	2.32	2.48	2.56	2.63	3.16
南通市	2.01	2.14	1.93	1.88	1.54	1.20
扬州市	1.40	1.79	1.29	1.28	1.13	1.04
镇江市	0.92	0.99	0.96	0.92	0.83	0.59
泰州市	0.67	0.61	0.66	0.88	0.93	0.78
杭州市	8.62	8.57	8.69	11.50	11.42	8.86
宁波市	1.94	2.00	1.99	1.96	1.91	2.46
嘉兴市	0.88	0.92	0.93	1.00	1.43	1.42
湖州市	0.45	0.44	0.44	0.43	0.46	0.46
绍兴市	0.70	0.83	0.83	0.78	0.64	0.65
舟山市	0.32	0.47	0.47	0.48	0.23	0.22
台州市	0.92	0.92	0.89	0.78	0.68	0.62

1.2.1 从数字看态势

如表1-6所示，2018年长三角核心区16个城市科学研究、技术服务和地质勘查业从业人员总数为59.56万人。其中，上海市科学研究、技术服务和地质勘查业从业人员数最多，达到26.89万人；舟山市科学研究、技术服务和地质勘查业从业人员数最少，仅0.22万人。

表1-6 2000～2018年长三角核心区16个城市科学研究、技术服务和地质勘查业从业人员数增长情况

地区	2000年科学研究、技术服务和地质勘查业从业人员数（万人）	2018年科学研究、技术服务和地质勘查业从业人员数（万人）	2000～2018年增幅（倍）	2000～2018年年均增长率（%）
上海市	10.36	26.89	1.60	5.44
南京市	3.57	7.89	1.21	4.50
无锡市	0.84	1.55	0.85	3.46
常州市	0.40	1.77	3.43	8.61
苏州市	0.66	3.16	3.79	9.09
南通市	0.39	1.20	2.08	6.44
扬州市	0.43	1.04	1.42	5.03
镇江市	0.24	0.59	1.46	5.12
泰州市	0.21	0.78	2.71	7.56
杭州市	2.37	8.86	2.74	7.60
宁波市	0.45	2.46	4.47	9.90
嘉兴市	0.27	1.42	4.26	9.66
湖州市	0.18	0.46	1.56	5.35
绍兴市	0.18	0.65	2.61	7.39
舟山市	0.08	0.22	1.75	5.78
台州市	0.16	0.62	2.88	7.82
上海市	10.36	26.89	1.60	5.44
江苏地区	6.74	17.98	1.67	5.60
浙江地区	3.69	14.69	2.98	7.98
总计	20.79	59.56	1.86	6.02

2000～2018年，长三角核心区16个城市科学研究、技术服务和地质勘查业从业人员数均呈现上升趋势。其中，宁波市科学研究、技术服务和地质勘查业从业人员数从2000年的0.45万人上升至2018年的2.46万人，增长了4.47倍，年均增长率最高，达到了9.90%；无锡市科学研究、技术服务和地质勘查业从业人员数从2000年的0.84万人上升至2018年的1.55万人，增长了0.85倍，年均增长率最低，为3.46%。

如图1-5所示，长三角核心区16个城市科学研究、技术服务和地质勘查业从业人员数均保持增长态势。2018年，上海市、杭州市、南京市、苏州市和宁波市5个城市

的科学研究、技术服务和地质勘查业从业人员数列前五位。

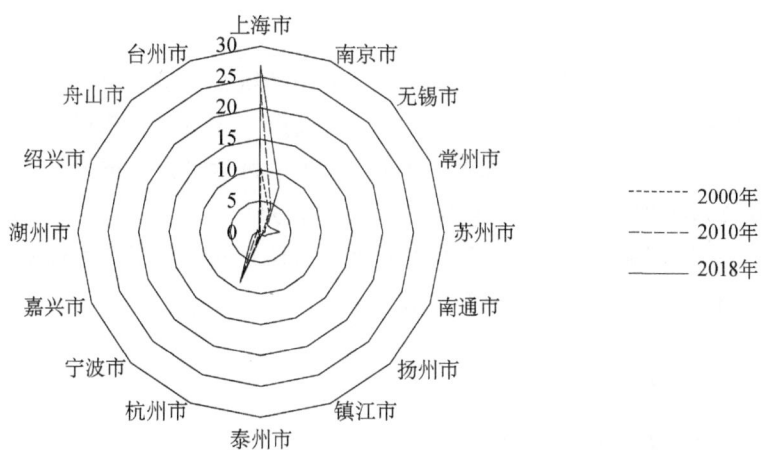

图1-5　2000年、2010年和2018年长三角核心区16个城市科学研究、技术服务和
地质勘查业从业人员数变化情况（单位：万人）

如图1-6所示，2018年长三角核心区16个城市科学研究、技术服务和地质勘查业从业人员数的平均值为3.72万人。上海市、杭州市和南京市等3个城市的科学研究、技术服务和地质勘查业从业人员数高于平均值，这3个城市的科学研究、技术服务和地质勘查业从业人员总数为43.64万人，占长三角核心区16个城市的73.26%。苏州市科学研究、技术服务和地质勘查业从业人员数偏离平均值最小，上海市偏离平均值最大。总体上，大部分城市都分布在平均值上下5万人的区间内。

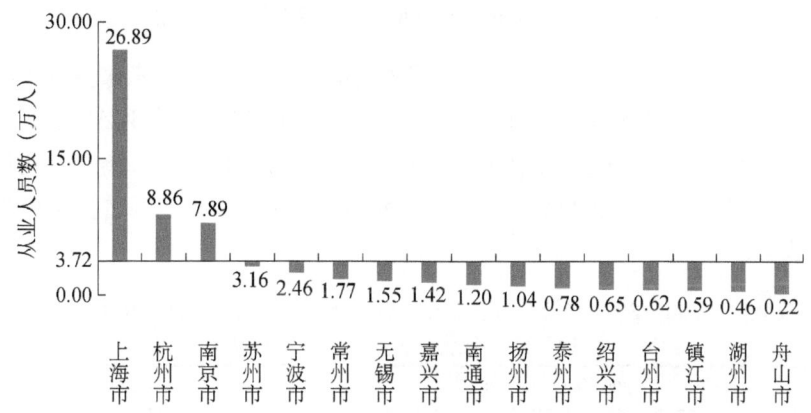

图1-6　2018年长三角核心区16个城市科学研究、技术服务和地质勘查业从业人员数与平均值比较

1.2.2 从增速看发展

如图1-7所示,2000～2018年长三角核心区16个城市科学研究、技术服务和地质勘查业从业人员数的总年均增长率为6.02%。宁波市、嘉兴市、苏州市、常州市、台州市、杭州市、泰州市、绍兴市和南通市9个城市的科学研究、技术服务和地质勘查业从业人员数的年均增长率高于总年均增长率,舟山市、上海市、湖州市、镇江市、扬州市、南京市和无锡市等7个城市的年均增长率低于总年均增长率。其中,舟山市的年均增长率与总年均增长率差异最小。

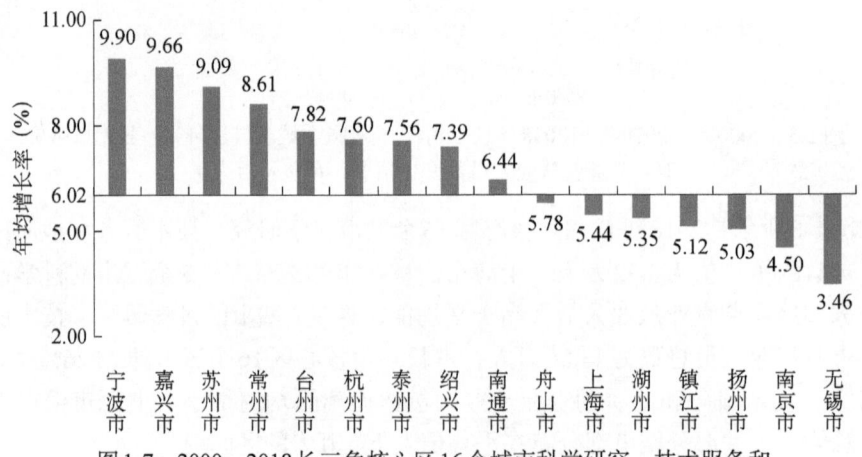

图1-7 2000～2018长三角核心区16个城市科学研究、技术服务和
地质勘查业从业人员数年均增长率与总年均增长率比较

如表1-7所示,从2000年开始,长三角核心区科学研究、技术服务和地质勘查业从业人员数总体保持增长趋势,由20.79万人增长到2018年的59.56万人,增长了1.86倍,年均增长率为6.02%。2000～2018年,上海市增长了1.60倍,年均增长率为5.44%;江苏地区增长了1.67倍,年均增长率为5.60%;浙江地区增长了2.98倍,年均增长率为7.98%。

表1-7 2000～2018年上海市、江苏地区、浙江地区科学研究、技术服务和
地质勘查业从业人员数及其增长情况 （单位:万人）

地区	2000年	2001年	2002年	2003年	2004年	2005年	2006年
上海市	10.36	10.01	9.18	10.31	11.29	13.21	14.11

续表

地区	2000年	2001年	2002年	2003年	2004年	2005年	2006年
江苏地区	6.74	6.46	6.12	6.72	6.75	7.14	7.16
浙江地区	3.69	3.69	3.98	5.61	5.47	5.81	6.68
总计	20.79	20.16	19.28	22.64	23.51	26.16	27.95

地区	2007年	2008年	2009年	2010年	2011年	2012年	2013年
上海市	15.63	18.13	20.91	23.25	12.36	12.23	20.30
江苏地区	7.17	7.51	7.90	8.82	9.68	10.39	16.52
浙江地区	7.29	7.92	8.90	12.44	13.64	15.46	13.83
总计	30.09	33.56	37.71	44.51	35.68	38.08	50.65

地区	2014年	2015年	2016年	2017年	2018年	2000~2018年增幅（倍）	2000~2018年年均增长率（%）
上海市	24.95	25.53	23.19	24.55	26.89	1.60	5.44
江苏地区	17.78	18.23	18.43	18.77	17.98	1.67	5.60
浙江地区	14.15	14.24	16.93	16.77	14.69	2.98	7.98
总计	56.88	58.00	58.55	60.09	59.56	1.86	6.02

由图1-8可知，2000~2018年，长三角核心区科学研究、技术服务和地质勘查业从业人员总数基本呈现稳定上升趋势，在2011年出现过一次较大的下降，之后又恢复增长。上海市科学研究、技术服务和地质勘查业从业人员数总体上高于江苏地区与浙江地区，其数量在2011年出现下滑，2013年恢复增长，2016年出现小规模下滑后逐渐趋于稳定，2018年达到26.89万人。江苏地区科学研究、技术服务和地质勘查业从业人员数总体呈现缓慢增长趋势，2013出现过一次大幅增长，而后逐渐趋于稳定，2018年达到17.98万人。浙江地区科学研究、技术服务和地质勘查业从业人员数在2012年之前保持持续增长态势，2013年开始出现波动，2018年达到14.69万人。

1.2.3 从构成看特征

如表1-8所示，2018年长三角核心区16个城市科学研究、技术服务和地质勘查业从业人员总数为59.56万人。从地区来看，上海市科学研究、技术服务和地质勘查业

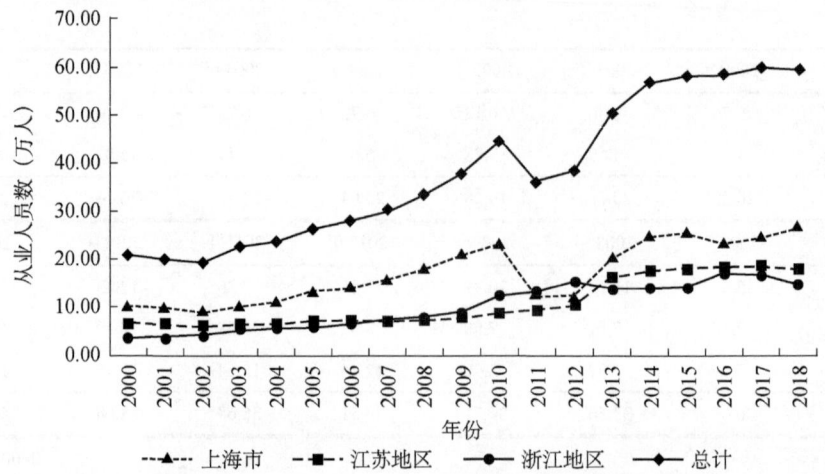

图1-8 2000～2018年长三角科学研究、技术服务和地质勘查业从业人员数变化情况

表1-8 2018年长三角核心区16个城市科学研究、技术服务和地质勘查业从业人员数及其占户籍人口数比重

地区	科学研究、技术服务和地质勘查业从业人员		户籍人口数（万人）	科学研究、技术服务和地质勘查业从业人员数占户籍人口数比重（%）
	总数（万人）	占比（%）		
上海市	26.89	45.15	1462	1.84
南京市	7.89	13.25	697	1.13
无锡市	1.55	2.60	497	0.31
常州市	1.77	2.97	382	0.46
苏州市	3.16	5.31	704	0.45
南通市	1.20	2.01	763	0.16
扬州市	1.04	1.75	459	0.23
镇江市	0.59	0.99	271	0.22
泰州市	0.78	1.31	503	0.16
杭州市	8.86	14.88	774	1.14
宁波市	2.46	4.13	603	0.41
嘉兴市	1.42	2.38	360	0.39
湖州市	0.46	0.77	267	0.17
绍兴市	0.65	1.09	447	0.15
舟山市	0.22	0.37	97	0.23
台州市	0.62	1.04	605	0.10

续表

地区	科学研究、技术服务和地质勘查业从业人员		户籍人口数（万人）	科学研究、技术服务和地质勘查业从业人员数占户籍人口数比重（%）
	总数（万人）	占比（%）		
上海市	26.89	45.15	1462	1.84
江苏地区	17.98	30.19	4276	0.42
浙江地区	14.69	24.66	3153	0.47
总计	59.56	100.00	8891	0.67

从业人员数最多，达到26.89万人，占比为45.15%，之后依次为江苏地区和浙江地区，分别为17.98万人和14.69万人，占比分别为30.19%和24.66%。上海市科学研究、技术服务和地质勘查业从业人员数在16个城市中列第一位；舟山市科学研究、技术服务和地质勘查业从业人员数为0.22万人，占比为0.37%，位列倒数第一。

从江苏地区来看，南京市科学研究、技术服务和地质勘查业从业人员数最多，达到7.89万人，占比为13.25%；苏州市和常州市分别位列第二和第三。从浙江地区来看，杭州市科学研究、技术服务和地质勘查业从业人员数最多，达到8.86万人，占比14.88%；宁波市和嘉兴市分别位列第二和第三。

2018年，长三角核心区16个城市户籍人口数为8891万人，科学研究、技术服务和地质勘查业从业人员数占户籍人口数的0.67%。从地区来看，上海市科学研究、技术服务和地质勘查业从业人员数占户籍人口数比例最大，达到1.84%；之后依次为浙江地区和江苏地区，占比分别为0.47%、0.42%。上海市科学研究、技术服务和地质勘查业从业人员数占户籍人口数的比例在16个城市中位列第一；其次分别是杭州市和南京市，占比分别为1.14%和1.13%。台州市科学研究、技术服务和地质勘查业从业人员数占户籍人口数的比例为0.10%，在16个城市中位列倒数第一。

1.3　R&D 人员[①]

R&D 人员是指从事基础研究、应用研究和试验发展三类活动的人员，包括直接

---

① 由于设区市R&D人员的相关数据难以获取，故本节主要分析江苏省、浙江省和上海市的R&D人员以及2017年长三角核心区16个城市的R&D人员相关情况。

参加上述三类项目活动的人员以及这三类项目的管理人员和直接服务人员。2009～2018年两省一市R&D人员数如表1-9所示。

表1-9　2009～2018年两省一市R&D人员数及其变化情况　（单位：人）

地区	2009年	2010年	2011年	2012年	2013年
上海市	170 512	177 488	198 667	208 817	226 829
江苏省	369 403	406 231	455 135	549 159	626 882
浙江省	239 058	286 751	324 245	377 315	416 010
总计	778 973	870 470	978 047	1 135 291	1 269 721
地区	2014年	2015年	2016年	2017年	2018年
上海市	236 836	242 740	254 754	262 299	271 223
江苏省	676 526	699 614	761 046	754 228	794 123
浙江省	444 737	489 591	516 664	558 573	627 330
总计	1 358 099	1 431 945	1 532 464	1 575 100	1 692 676

1.3.1　从数字看态势

如表1-10所示，2018年，两省一市R&D人员总数为1 692 676人。其中，上海市R&D人员数为271 223人，占两省一市R&D人员总数的16.02%；江苏省R&D人员数为794 123人，占46.92%；浙江省R&D人员数为627 330人，占37.06%。在三个地区中，江苏省R&D人员数最多，上海市R&D人员数最少。

表1-10　2009～2018年两省一市R&D人员数增长情况

地区	2009年R&D人员数（人）	2018年R&D人员数（人）	2009～2018年增幅（倍）	2009～2018年年均增长率（%）
上海市	170 512	271 223	0.59	5.29
江苏省	369 403	794 123	1.15	8.88
浙江省	239 058	627 330	1.62	11.32
总计	778 973	1 692 676	1.17	9.01

由图1-9可知，两省一市R&D人员数均保持增长态势，其中浙江省增长速度最快；上海市增长速度最慢；江苏省增长速度适中，但其R&D人员数一直领先。2018年，江

苏省R&D人员数最多，达到794 123人；上海市R&D人员数最少，仅271 223人。

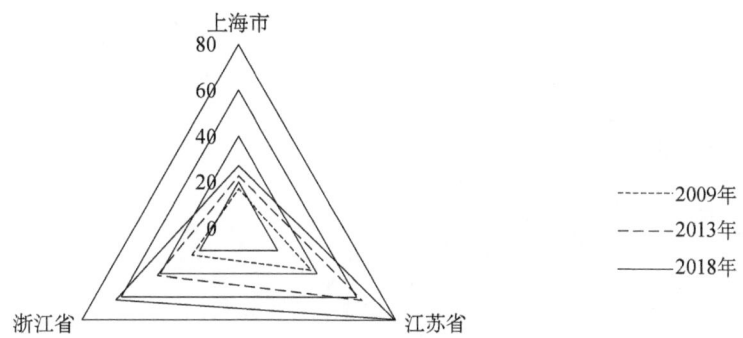

图1-9　2009年、2013年和2018年两省一市R&D人员数及其变化情况（单位：万人）

如图1-10所示，2018年两省一市R&D人员数的平均值为56.42万人。江苏省与浙江省的R&D人员数高于平均值，这两个省份的R&D人员总数为142.15万人，占两省一市R&D人员总数的83.98%。浙江省R&D人员数偏离平均值最小，比平均值高6.31万人；上海市R&D人员数偏离平均值最大，比平均值低29.30万人。

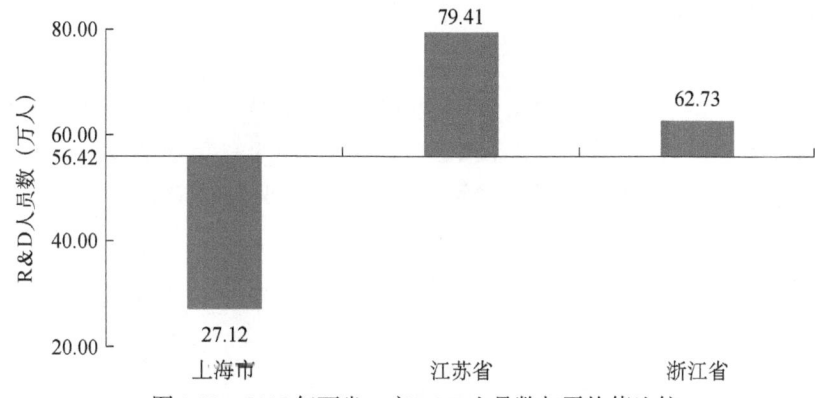

图1-10　2018年两省一市R&D人员数与平均值比较

如图1-11所示，2017年长三角核心区16个城市R&D人员数的平均值为6.82万人。上海市、苏州市、杭州市、无锡市、宁波市和南京市等6个城市的R&D人员数高于平均值，这6个城市的R&D人员总数为77.70万人，占长三角核心区16个城市R&D人员总数的71.20%。上海市偏离平均值最大，南通市偏离平均值最小。总体上，大部分城市都分布在平均值上下7万人的区间内。

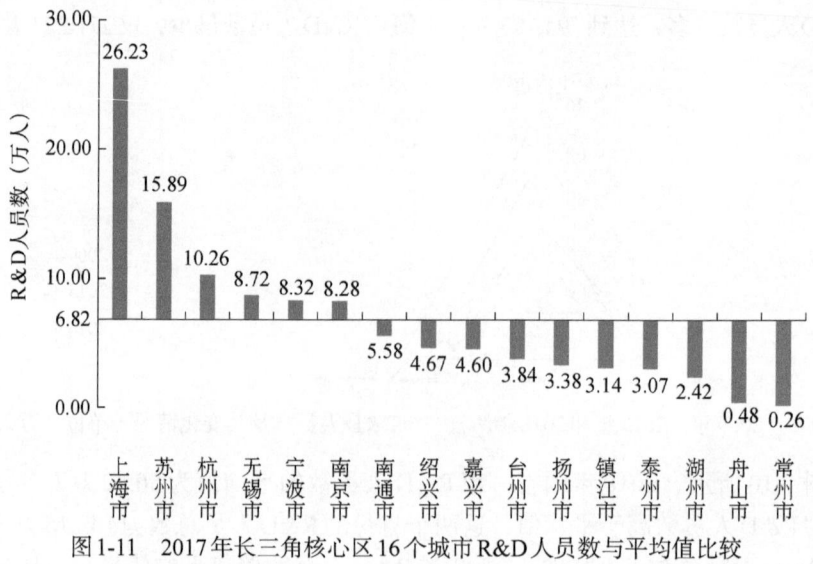

图1-11 2017年长三角核心区16个城市R&D人员数与平均值比较

1.3.2 从增速看发展

如图1-12所示，2009~2018年，两省一市R&D人员数的总年均增长率为9.01%。浙江省R&D人员数年均增长率为11.32%，高于总年均增长率；上海市与江苏省R&D人员数的年均增长率低于总年均增长率，分别为5.29%、8.88%。

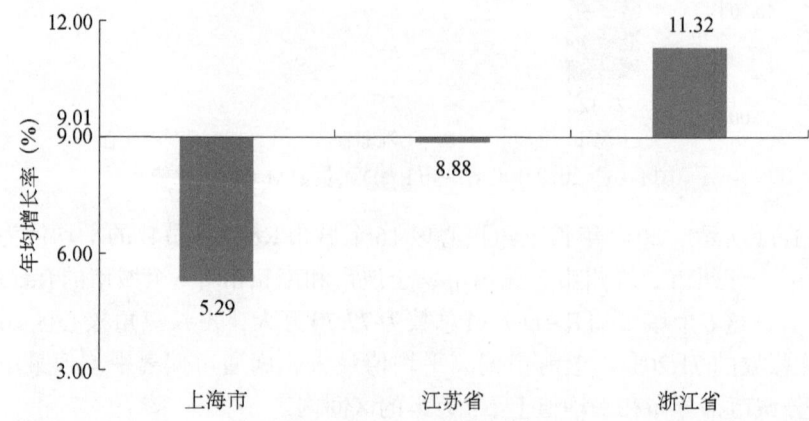

图1-12 2009~2018年两省一市R&D人员数年均增长率与总年均增长率比较

如图1-13所示,2009~2018年,上海市、江苏省和浙江省R&D人员数总体呈现上升趋势。其中,江苏省R&D人员数一直高于上海市与浙江省,但江苏省在2017年R&D人员数出现过下降;上海市与浙江省R&D人员数一直处于上升状态。上海市R&D人员数增幅最小,浙江省R&D人员数增幅最大。

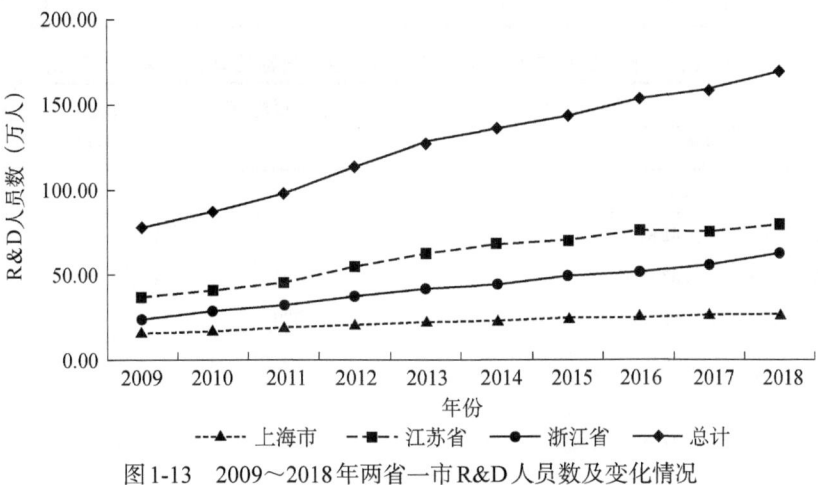

图1-13 2009~2018年两省一市R&D人员数及变化情况

1.3.3 从构成看特征

如表1-11所示,2018年,两省一市R&D人员数为1 692 676人。其中,江苏省R&D人员数为794 123人,占比为46.92%,位列第一;浙江省R&D人员数为627 330人,占比为37.06%,位列第二;上海市R&D人员数为271 223人,占比为16.02%。

2018年,两省一市户籍人口数为14 293万人,R&D人员数占户籍人口数比重为1.18%。其中,上海市R&D人员数占户籍人口数的1.86%,在三个地区中最高;浙江省占比为1.25%,江苏省占比为1.01%。

表1-11 2018年两省一市R&D人员数及其占户籍人口数比重

地区	R&D人员		户籍人口数（万人）	R&D人员数占户籍人口数比重（%）
	人数（人）	占比（%）		
上海市	271 223	16.02	1 462	1.86
江苏省	794 123	46.92	7 832	1.01

续表

地区	R&D人员		户籍人口数（万人）	R&D人员数占户籍人口数比重（%）
	人数（人）	占比（%）		
浙江省	627 330	37.06	4 999	1.25
总计	1 692 676	100.00	14 293	1.18

表1-12　2017年长三角核心区16个城市R&D人员数及其占户籍人口数比重

地区	R&D人员		户籍人口数（万人）	R&D人员数占户籍人口数比重（%）
	人数（人）	占比（%）		
上海市	262 299	24.03	1 455	1.80
南京市	82 812	7.59	681	1.22
无锡市	87 174	7.99	493	1.77
常州市	2 598	0.24	379	0.07
苏州市	158 945	14.56	691	2.30
南通市	55 791	5.11	764	0.73
扬州市	33 793	3.10	460	0.73
镇江市	31 414	2.88	271	1.16
泰州市	30 711	2.81	505	0.61
杭州市	102 597	9.40	754	1.36
宁波市	83 200	7.62	597	1.39
嘉兴市	45 970	4.21	356	1.29
湖州市	24 168	2.21	266	0.91
绍兴市	46 724	4.28	446	1.05
舟山市	4 766	0.44	97	0.49
台州市	38 424	3.52	604	0.64
上海市	262 299	24.03	1 455	1.80
江苏地区	483 238	44.28	4 244	1.14
浙江地区	345 849	31.69	3 120	1.11
总计	1 091 386	100.00	8 819	1.24

如表1-12所示，2017年，长三角核心区16个城市R&D人员数为1 091 386人。江苏地区R&D人员数最多，达到483 238人，占比为44.28%；之后依次为浙江地区和上海市，分别为345 849人和262 299人，占比分别为31.69%和24.03%。在长三角

核心区的16个城市中，上海市R&D人员数为262 299人，占比为24.03%，位列第一；常州市R&D人员数为2598人，占比为0.24%，位列倒数第一。

从江苏地区看，苏州市R&D人员数最多，达到158 945人，占比为14.56%；无锡市和南京市位列第二和第三，占比分别为7.99%和7.59%。从浙江地区看，杭州市R&D人员数最多，达到102 597人，占比为9.40%；宁波市和绍兴市位列第二和第三，占比分别为7.62%和4.28%。

2017年，长三角核心区16个城市户籍人口数为8819万人，R&D人员数占户籍人口数比重为1.24%。从三个地区来看，上海市R&D人员数占户籍人口数比重最大，之后依次为江苏地区和浙江地区。在长三角核心区16个城市中，苏州市R&D人员数占户籍人口数比重为2.30%，位列第一；之后依次为上海市和无锡市，占比分别为1.80%和1.77%；常州市R&D人员数占户籍人口数比重为0.07%，位列倒数第一。

2 经费投入与支出

由于教育行业尤其是高等教育与R&D具有紧密的联系,所以本章在分析教育经费总投入、教育事业费支出和生均一般公共预算教育事业费支出外,还将分析科学事业费支出以及R&D经费支出等内容。

2.1 教育经费总投入[①]

2.1.1 总投入

如表2-1所示,2018年,江苏省教育经费总投入最多,为3089.69亿元,占比为42.40%;其次是浙江省,教育经费总投入为2516.54亿元,占比为34.53%;上海市教育经费总投入为1680.71亿元,占比为23.06%。

表2-1 2018年两省一市教育经费总投入情况

地区	教育经费总投入(亿元)	占比(%)
上海市	1680.71	23.06
江苏省	3089.69	42.40
浙江省	2516.54	34.53
总计	7286.94	100.00

如图2-1所示,2018年,两省一市教育经费总投入的平均值为2428.98亿元。江苏省和浙江省的教育经费总投入高于平均值,分别高660.71亿元和87.56亿元,上海市教育经费总投入比平均值低748.27亿元。

由表2-2可以看出,2000~2018年,两省一市教育经费总投入由711.50亿元增加至7286.94亿元,增幅为9.24倍,年均增长率为13.80%。浙江省教育经费总投入增长幅度最大,增长了10.44倍,年均增长率为14.50%;其次是江苏省,增长了9.63倍,年均增长率为14.03%;上海市的增长幅度最小,增长了7.37倍,年均增长率为12.53%。

---

① 由于各设区市教育经费总投入数据难以获取,故本节主要分析江苏省、浙江省和上海市的各级各类教育经费总投入情况。

2 经费投入与支出

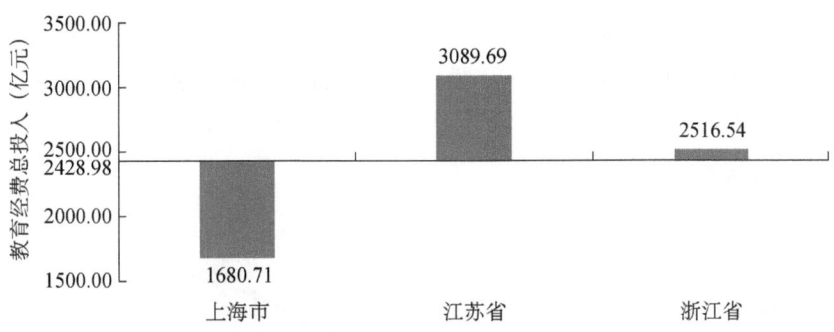

图2-1　2018年两省一市教育经费总投入与平均值比较

表2-2　2000~2018年两省一市教育经费总投入增长情况

地区	2000年教育经费总投入（亿元）	2018年教育经费总投入（亿元）	2000~2018年增幅（倍）	2000~2018年年均增长率（%）
上海市	200.89	1680.71	7.37	12.53
江苏省	290.57	3089.69	9.63	14.03
浙江省	220.04	2516.54	10.44	14.50
总计	711.50	7286.94	9.24	13.80

由图2-2可以看出，2000~2018年，两省一市教育经费总投入的总年均增长率为13.80%。上海市教育经费总投入的年均增长率比总年均增长率低1.27个百分点；江苏省和浙江省教育经费总投入的年均增长率高于总年均增长率，分别高0.24个百分点和0.70个百分点。

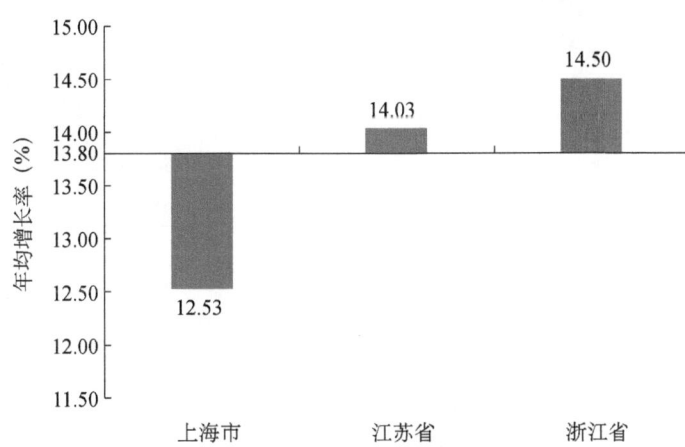

图2-2　2000~2018年两省一市教育经费总投入年均增长率与总年均增长率比较

由图2-3可以看出，2000～2018年，上海市、江苏省和浙江省之间的教育经费总投入差距逐渐拉大，但江苏省教育经费总投入一直处于领先水平，其次是浙江省，上海市教育经费总投入在此期间一直低于江苏省和浙江省。

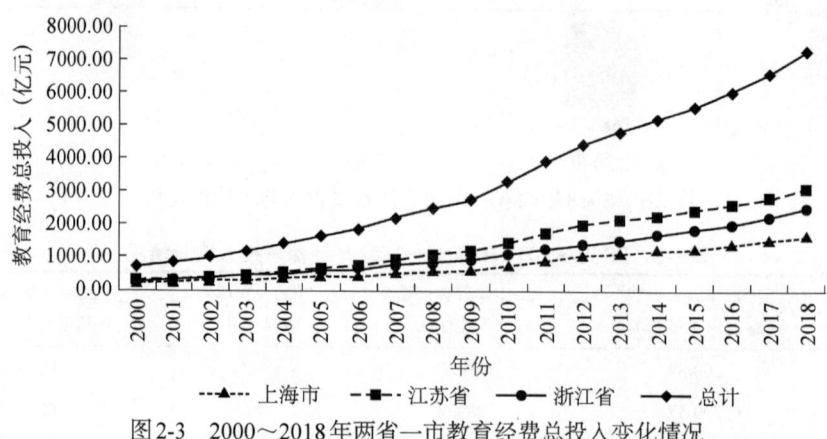

图2-3　2000～2018年两省一市教育经费总投入变化情况

2000～2018年，上海市、江苏省和浙江省教育经费总投入及其变化情况如表2-3所示。

表2-3　2000～2018年两省一市教育经费总投入及其变化情况（单位：亿元）

年份	上海市	江苏省	浙江省	总计
2000	200.89	290.57	220.04	711.50
2001	232.05	337.06	282.96	852.06
2002	273.97	404.43	339.61	1018.01
2003	307.02	465.38	411.58	1183.98
2004	383.27	557.00	500.17	1440.44
2005	422.95	665.32	568.43	1656.70
2006	450.16	748.27	656.42	1854.85
2007	528.59	934.27	741.09	2203.95
2008	590.49	1089.49	834.56	2514.54
2009	631.77	1208.03	928.13	2767.92
2010	744.09	1455.76	1116.39	3316.25
2011	921.52	1752.27	1263.74	3937.53
2012	1045.49	2003.59	1399.23	4448.31

续表

年份	上海市	江苏省	浙江省	总计
2013	1128.71	2166.78	1524.57	4820.06
2014	1225.74	2277.13	1710.75	5213.61
2015	1280.10	2453.69	1861.86	5595.66
2016	1409.71	2624.78	2007.62	6042.10
2017	1536.41	2834.95	2235.66	6607.01
2018	1680.71	3089.69	2516.54	7286.94

2.1.2 幼儿园

如表2-4所示，2018年，江苏省和浙江省幼儿园教育经费总投入金额相差不大，分别为267.66亿元和262.70亿元，占比分别为37.85%和37.15%。上海市幼儿园教育经费总投入为176.83亿元，占比为25.00%。

表2-4 2018年两省一市幼儿园教育经费总投入情况

地区	幼儿园教育经费总投入（亿元）	占比（%）
上海市	176.83	25.00
江苏省	267.66	37.85
浙江省	262.70	37.15
总计	707.19	100.00

如图2-4所示，2018年，两省一市幼儿园教育经费总投入的平均值为235.73亿元。江苏省和浙江省幼儿园教育经费总投入高于平均值，上海市幼儿园教育经费总投入低于平均值。

由表2-5可以看出，2006~2018年，两省一市幼儿园教育经费总投入由44.65亿元增加至707.19亿元，增长了14.84倍，年均增长率为25.88%。江苏省幼儿园教育经费总投入增幅最大，为25.54倍；浙江省与江苏省的增幅相差不大；上海市幼儿园教育经费总投入增幅最小，为6.24倍。2006~2018年，江苏省幼儿园教育经费总投入年均增长率最大，为31.42%；上海市幼儿园教育经费总投入年均增长率最小，为17.93%。

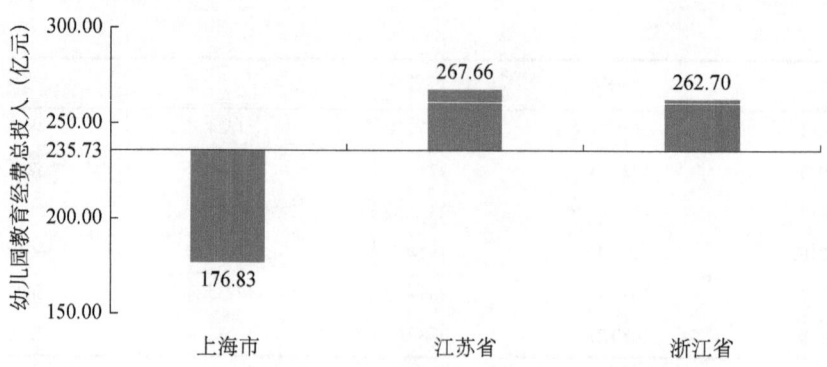

图2-4　2018年两省一市幼儿园教育经费总投入与平均值比较

表2-5　2006~2018年两省一市幼儿园教育经费总投入增长情况

地区	2006年幼儿园教育经费总投入（亿元）	2018年幼儿园教育经费总投入（亿元）	2006~2018年增幅（倍）	2006~2018年年均增长率（%）
上海市	24.43	176.83	6.24	17.93
江苏省	10.09	267.66	25.54	31.42
浙江省	10.13	262.70	24.92	31.16
总计	44.65	707.19	14.84	25.88

由图2-5可知，2006~2018年，两省一市幼儿园教育经费总投入的总年均增长率为25.88%。江苏省和浙江省幼儿园教育经费总投入的年均增长率均高于总年均增长率，上海市幼儿园教育经费总投入的年均增长率低于总年均增长率。

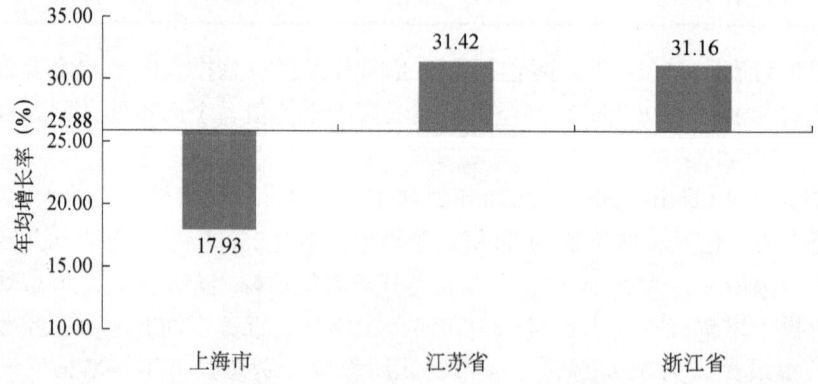

图2-5　2006~2018年两省一市幼儿园教育经费总投入年均增长率与总年均增长率比较

由图2-6可以看出，在2006~2009年，上海市幼儿园教育经费总投入领先于江苏省和浙江省；在2010年，浙江省幼儿园教育经费总投入最高；在2011~2018年，江苏省幼儿园教育经费总投入最高。

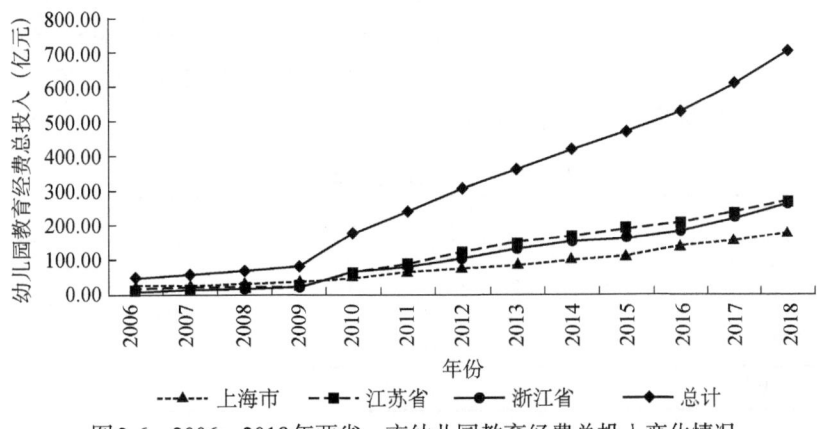

图2-6　2006~2018年两省一市幼儿园教育经费总投入变化情况

2006~2018年，上海市、江苏省和浙江省幼儿园教育经费总投入及其变化情况如表2-6所示。

表2-6　2006~2018年两省一市幼儿园教育经费总投入及其变化情况

（单位：亿元）

年份	上海市	江苏省	浙江省	总计
2006	24.43	10.09	10.13	44.65
2007	28.95	13.14	12.51	54.60
2008	33.63	19.54	16.01	69.17
2009	38.14	23.77	19.64	81.56
2010	52.13	62.53	63.01	177.67
2011	64.61	89.93	85.65	240.20
2012	76.23	123.17	107.54	306.94
2013	88.05	146.39	128.90	363.33
2014	101.90	166.99	150.72	419.61
2015	115.41	190.56	163.86	469.83
2016	138.08	206.93	183.81	528.82
2017	155.83	233.79	221.61	611.23
2018	176.83	267.66	262.70	707.19

2.1.3 普通小学

如表2-7所示，2018年，两省一市普通小学教育经费总投入为1717.39亿元。其中，江苏省普通小学教育经费总投入最多，为803.18亿元，占比为46.77%；上海市普通小学教育经费总投入最少，为268.28亿元，占比为15.62%；浙江省普通小学教育经费总投入为645.93亿元，占比为37.61%。

表2-7 2018年两省一市普通小学教育经费总投入情况

地区	普通小学教育经费总投入（亿元）	占比（%）
上海市	268.28	15.62
江苏省	803.18	46.77
浙江省	645.93	37.61
总计	1717.39	100.00

2018年，两省一市普通小学教育经费总投入的平均值为572.46亿元。江苏省和浙江省普通小学教育经费总投入高于平均值，而上海市与平均水平还存在一定的差距（图2-7）。

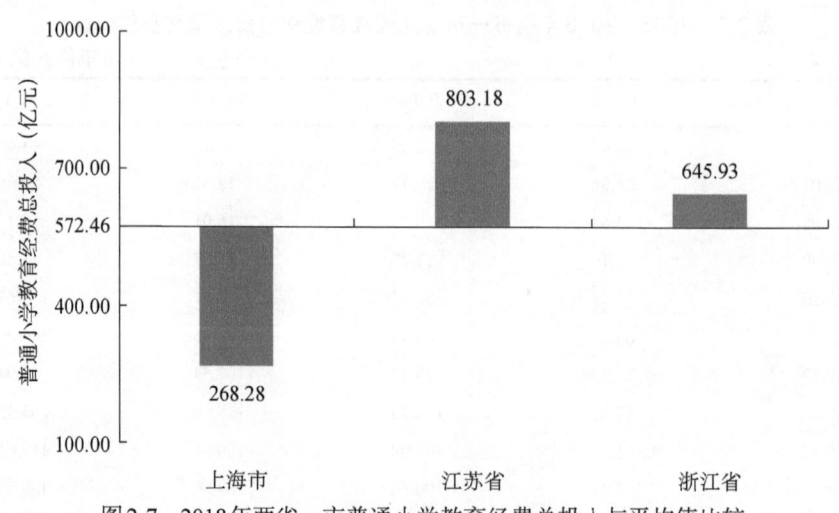

图2-7 2018年两省一市普通小学教育经费总投入与平均值比较

由表2-8可知，2000~2018年，两省一市普通小学教育经费总投入由158.33亿元增加至1717.39亿元，增长了9.85倍，年均增长率为14.16%。浙江省普通小学教育经费总投入的增幅最大，为10.33倍，年均增长率为14.44%；其次是江苏省，增幅为9.62倍，年均增长率为14.03%；上海市普通小学教育经费总投入的增幅最小，为9.43倍，年均增长率为13.91%。

表2-8 2000~2018年两省一市普通小学教育经费总投入增长情况

地区	2000年普通小学教育经费总投入（亿元）	2018年普通小学教育经费总投入（亿元）	2000~2018年增幅（倍）	2000~2018年年均增长率（%）
上海市	25.72	268.28	9.43	13.91
江苏省	75.60	803.18	9.62	14.03
浙江省	57.01	645.93	10.33	14.44
总计	158.33	1717.39	9.85	14.16

由图2-8可知，2000~2018年，两省一市普通小学教育经费总投入的总年均增长率为14.16%，上海市、江苏省和浙江省普通小学教育经费总投入的年均增长率与总年均增长率相差不大。其中，浙江省普通小学教育经费总投入的年均增长率高于总年均增长率，高0.28个百分点；上海市和江苏省普通小学教育经费总投入的年均增长率低于总年均增长率，分别低0.25个百分点和0.13个百分点。

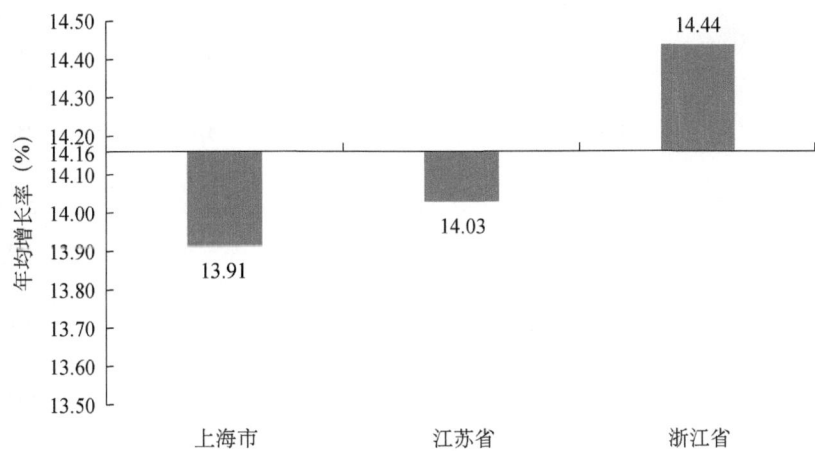

图2-8 2000~2018年两省一市普通小学教育经费总投入年均增长率与总年均增长率比较

由图2-9可以看出，2000~2018年，江苏省普通小学教育经费总投入在两省一市中一直处于领先水平，其次是浙江省，上海市最低。

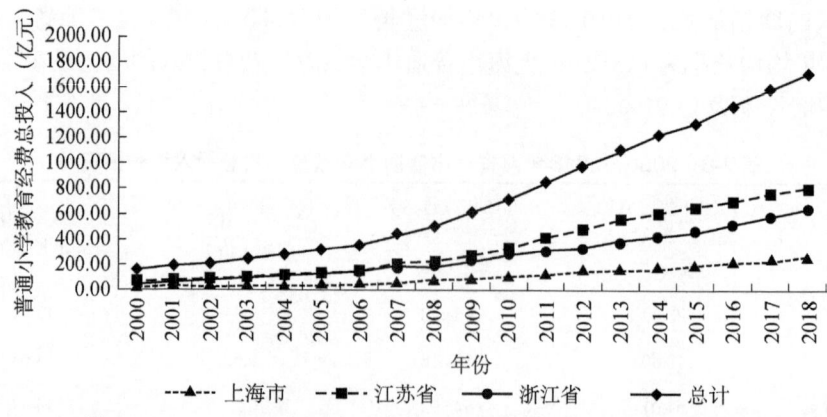

图2-9　2000～2018年两省一市普通小学教育经费总投入变化情况

2000～2018年上海市、江苏省和浙江省普通小学教育经费总投入及其变化情况如表2-9所示。

表2-9　2000～2018年两省一市普通小学教育经费总投入及其变化情况

（单位：亿元）

年份	上海市	江苏省	浙江省	总计
2000	25.72	75.60	57.01	158.33
2001	30.93	83.99	71.45	186.38
2002	34.90	96.70	80.46	212.06
2003	39.63	105.86	97.40	242.89
2004	45.02	122.85	118.81	286.69
2005	48.42	139.90	132.04	320.35
2006	57.63	156.78	143.28	357.69
2007	67.21	207.47	173.66	448.35
2008	84.63	224.67	198.06	507.36
2009	95.87	278.75	236.74	611.36
2010	111.20	334.72	281.42	727.34
2011	132.69	418.27	308.28	859.24
2012	158.25	484.13	336.41	978.80
2013	169.98	565.81	381.64	1117.43
2014	189.40	608.56	429.46	1227.42
2015	197.61	657.23	465.91	1320.76
2016	230.96	705.20	522.26	1458.42

续表

年份	上海市	江苏省	浙江省	总计
2017	249.63	767.09	583.61	1600.33
2018	268.28	803.18	645.93	1717.39

2.1.4 普通初中

如表2-10所示，2018年，两省一市普通初中教育经费总投入为1172.39亿元。其中，江苏省普通初中教育经费总投入最多，为530.33亿元，占比为45.23%；上海市普通初中教育经费总投入最少，为212.60亿元，占比为18.13%；浙江省普通初中教育经费总投入为429.46亿元，占比为36.63%。

表2-10 2018年两省一市普通初中教育经费总投入情况

地区	普通初中教育经费总投入（亿元）	占比（%）
上海市	212.60	18.13
江苏省	530.33	45.23
浙江省	429.46	36.63
总计	1172.39	100.00

如图2-10所示，2018年，两省一市普通初中教育经费总投入的平均值为390.80亿元。江苏省和浙江省普通初中教育经费总投入高于平均值，而上海市与普通初中教育经费总投入平均水平还存在一定的差距。

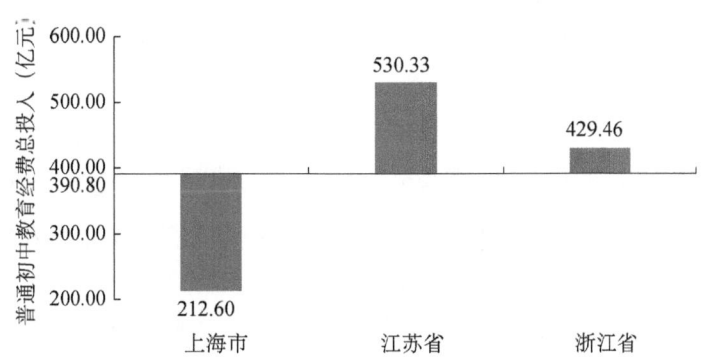

图2-10 2018年两省一市普通初中教育经费总投入与平均值比较

由表 2-11 可知，2005~2018 年，两省一市普通初中教育经费总投入由 255.50 亿元增加至 1172.39 亿元，增长了 3.59 倍，年均增长率为 12.43%。其中，江苏省增幅最大，增长了 4.14 倍，年均增长率为 13.42%；上海市增幅最小，增长了 2.64 倍，年均增长率为 10.44%；浙江省普通初中教育经费总投入的增幅为 3.57 倍，年均增长率为 12.40%。

表 2-11　2005~2018 年两省一市普通初中教育经费总投入增长情况

地区	2005年普通初中教育经费总投入（亿元）	2018年普通初中教育经费总投入（亿元）	2005~2018年增幅（倍）	2005~2018年年均增长率（%）
上海市	58.45	212.60	2.64	10.44
江苏省	103.14	530.33	4.14	13.42
浙江省	93.91	429.46	3.57	12.40
总计	255.50	1172.39	3.59	12.43

由图 2-11 可以看出，2005~2018 年，两省一市普通初中教育经费总投入的总年均增长率为 12.43%。江苏省和浙江省普通初中教育经费总投入的年均增长率与总年均增长率相差不大，上海市普通初中教育经费总投入的年均增长率低于总年均增长率。

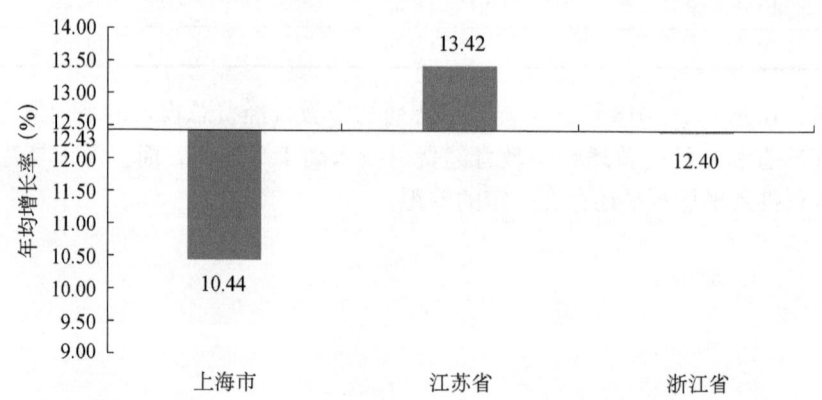

图 2-11　2005~2018 年两省一市普通初中教育经费总投入年均增长率与总年均增长率比较

由图 2-12 可知，2005~2018 年，江苏省普通初中教育经费总投入最高，其次是浙江省，上海市最低。

2005~2018 年，上海市、江苏省和浙江省普通初中教育经费总投入及其变化情况如表 2-12 所示。

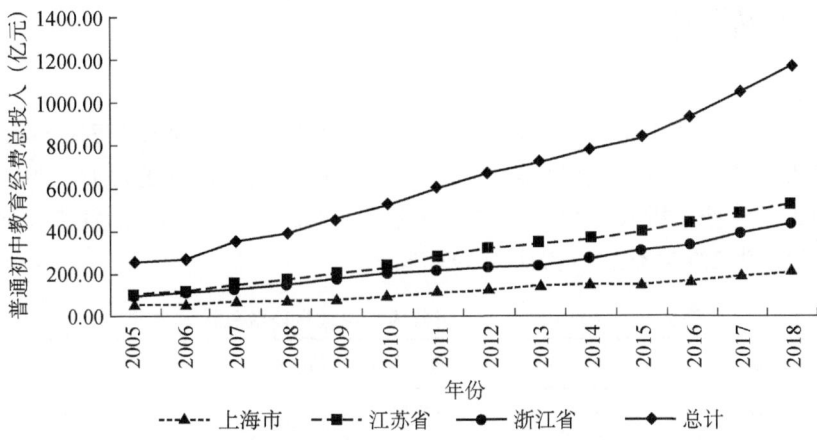

图2-12 2005~2018年两省一市普通初中教育经费总投入变化情况

表2-12 2005~2018年两省一市普通初中教育经费总投入及其变化情况

（单位：亿元）

年份	上海市	江苏省	浙江省	总计
2005	58.45	103.14	93.91	255.50
2006	58.93	112.01	99.49	270.44
2007	72.93	152.75	128.47	354.14
2008	74.86	167.77	150.68	393.32
2009	82.18	195.19	173.76	451.13
2010	91.42	232.29	196.84	520.55
2011	119.05	273.56	209.76	602.37
2012	127.33	314.13	224.70	666.17
2013	143.04	343.81	237.41	724.25
2014	146.03	360.69	271.14	777.86
2015	149.97	393.56	296.41	839.95
2016	167.52	434.42	329.84	931.78
2017	191.98	480.86	383.41	1056.25
2018	212.60	530.33	429.46	1172.39

2.1.5 普通高中

如表2-13所示,2018年两省一市普通高中教育经费总投入为710.37亿元。其中,江苏省普通高中教育经费总投入最多,为310.80亿元,占比为43.75%;上海市普通高中教育经费总投入最少,为122.06亿元,占比为17.18%;浙江省普通高中教育经费总投入为277.51亿元,占比为39.07%。

表2-13 2018年两省一市普通高中教育经费总投入情况

地区	普通高中教育经费总投入(亿元)	占比(%)
上海市	122.06	17.18
江苏省	310.80	43.75
浙江省	277.51	39.07
总计	710.37	100.00

由图2-13可知,2018年两省一市普通高中教育经费总投入的平均值为236.79亿元。江苏省和浙江省普通高中教育经费总投入高于平均值,上海市普通高中教育经费总投入低于平均值。

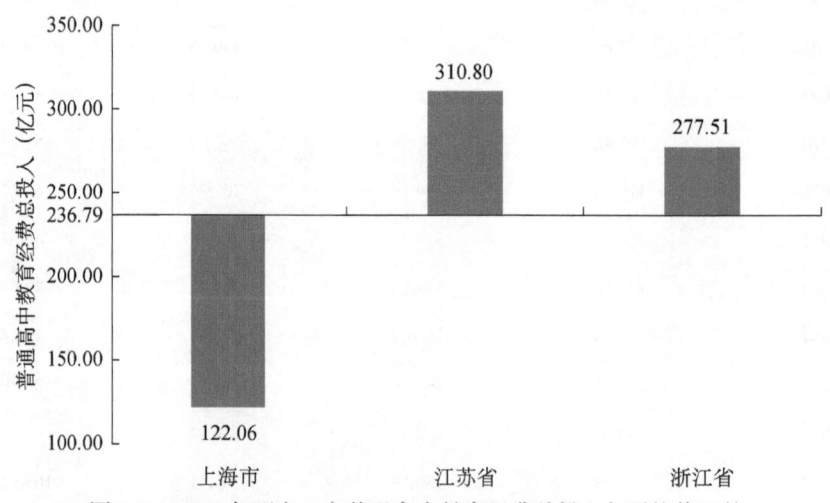

图2-13 2018年两省一市普通高中教育经费总投入与平均值比较

由表2-14可以看出,2005~2018年,两省一市普通高中教育经费总投入由

203.28亿元增加至710.37亿元，增长了2.49倍，年均增长率为10.10%。其中，浙江省增幅最大，增长了2.93倍，年均增长率为11.11%；上海市增幅最小，增长了1.65倍，年均增长率为7.79%；江苏省增幅为2.59倍，年均增长率为10.32%。

表2-14　2005～2018年两省一市普通高中教育经费总投入增长情况

地区	2005年普通高中教育经费总投入（亿元）	2018年普通高中教育经费总投入（亿元）	2005～2018年增幅（倍）	2005～2018年年均增长率（%）
上海市	46.05	122.06	1.65	7.79
江苏省	86.68	310.80	2.59	10.32
浙江省	70.55	277.51	2.93	11.11
总计	203.28	710.37	2.49	10.10

由图2-14可知，两省一市普通高中教育经费总投入的总年均增长率为10.10%。浙江省普通高中教育经费总投入的年均增长率比总年均增长率高1.01个百分点，江苏省普通高中教育经费总投入的年均增长率与总年均增长率相差不大，上海市普通高中教育经费总投入的年均增长率比总年均增长率低2.32个百分点。

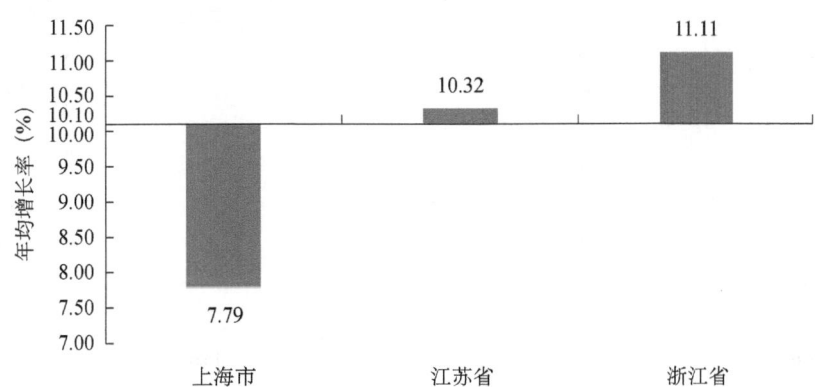

图2-14　2005～2018年两省一市普通高中教育经费总投入年均增长率与总年均增长率比较

由图2-15可知，2005～2018年，江苏省普通高中教育经费总投入最高，其次是浙江省，上海市最低。

2005～2018年，上海市、江苏省和浙江省普通高中教育经费总投入及其变化情况如表2-15所示。

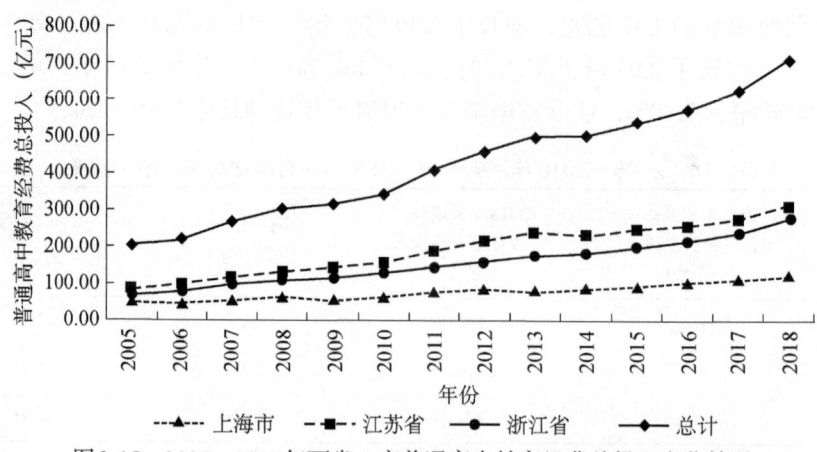

图2-15 2005~2018年两省一市普通高中教育经费总投入变化情况

表2-15 2005~2018年两省一市普通高中教育经费总投入及其变化情况

（单位：亿元）

年份	上海市	江苏省	浙江省	总计
2005	46.05	86.68	70.55	203.28
2006	45.07	99.09	77.27	221.43
2007	51.69	116.61	100.00	268.30
2008	62.76	131.19	109.67	303.61
2009	56.96	143.90	115.92	316.77
2010	59.70	154.61	128.87	343.18
2011	76.54	186.59	145.42	408.55
2012	82.80	217.28	158.51	458.59
2013	83.02	236.85	178.11	497.98
2014	85.80	233.66	184.08	503.54
2015	91.22	249.48	199.93	540.63
2016	102.57	255.72	216.02	574.31
2017	112.35	273.95	239.42	625.72
2018	122.06	310.80	277.51	710.37

2.1.6 中等职业学校

如表2-16所示，2018年两省一市中等职业学校教育经费总投入为418.84亿元。

其中，江苏省中等职业学校教育经费总投入最多，为194.22亿元，占比为46.37%；上海市中等职业学校教育经费总投入最少，为68.67亿元，占比为16.39%；浙江省中等职业学校教育经费总投入为155.96亿元，占比为37.23%。

表2-16　2018年两省一市中等职业学校教育经费总投入情况

地区	中等职业学校教育经费总投入（亿元）	占比（%）
上海市	68.67	16.39
江苏省	194.22	46.37
浙江省	155.96	37.23
总计	418.84	100.00

由图2-16可知，2018年两省一市中等职业学校教育经费总投入平均值为139.61亿元。江苏省和浙江省中等职业学校教育经费总投入高于平均值，而上海市中等职业学校教育经费总投入低于平均值。

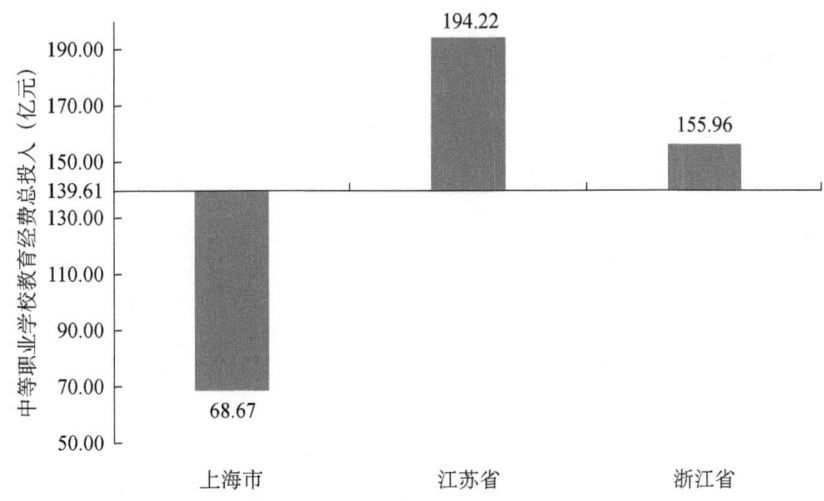

图2-16　2018年两省一市中等职业学校教育经费总投入与平均值比较

由表2-17可知，2007~2018年，两省一市中等职业学校教育经费总投入由176.85亿元增长至418.84亿元，增长了1.37倍，年均增长率为8.15%。其中，江苏省中等职业学校教育经费总投入增幅最大，增长了1.54倍，年均增长率为8.85%；上海市的增幅最小，增长了0.81倍，年均增长率为5.52%；浙江省的增幅为1.50倍，年均增长率为8.69%。

表2-17　2007~2018年两省一市中等职业学校教育经费总投入增长情况

地区	2007年中等职业学校教育经费总投入（亿元）	2018年中等职业学校教育经费总投入（亿元）	2007~2018年增幅（倍）	2007~2018年年均增长率（%）
上海市	38.02	68.67	0.81	5.52
江苏省	76.44	194.22	1.54	8.85
浙江省	62.39	155.96	1.50	8.69
总计	176.85	418.84	1.37	8.15

由图2-17可知，2007~2018年，两省一市中等职业学校教育经费总投入的总年均增长率为8.15%。江苏省和浙江省中等职业学校教育经费总投入的年均增长率均高于总年均增长率，分别高了0.69和0.53个百分点；上海市中等职业学校教育经费总投入的年均增长率比总年均增长率低了2.63个百分点。

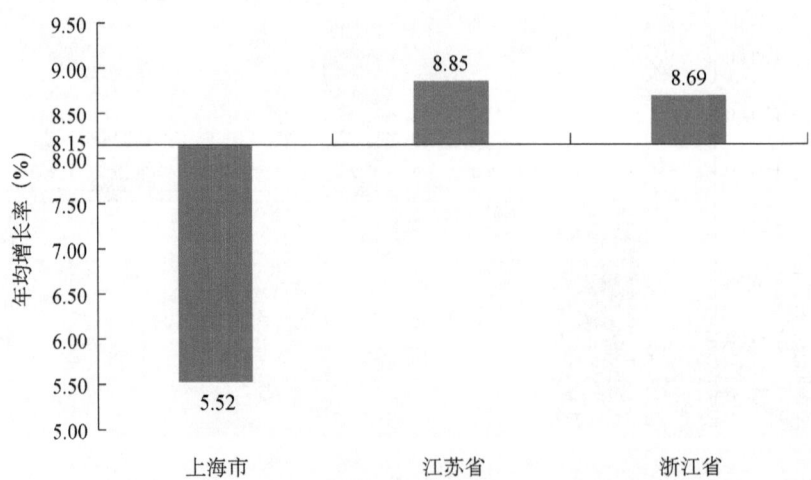

图2-17　2007~2018年两省一市中等职业学校教育经费总投入年均增长率与总年均增长率比较

由图2-18可知，2007~2018年，江苏省中等职业学校教育经费总投入最高，其次是浙江省，上海市最低。

2007~2018年，两省一市中等职业学校教育经费总投入及其变化情况如表2-18所示。

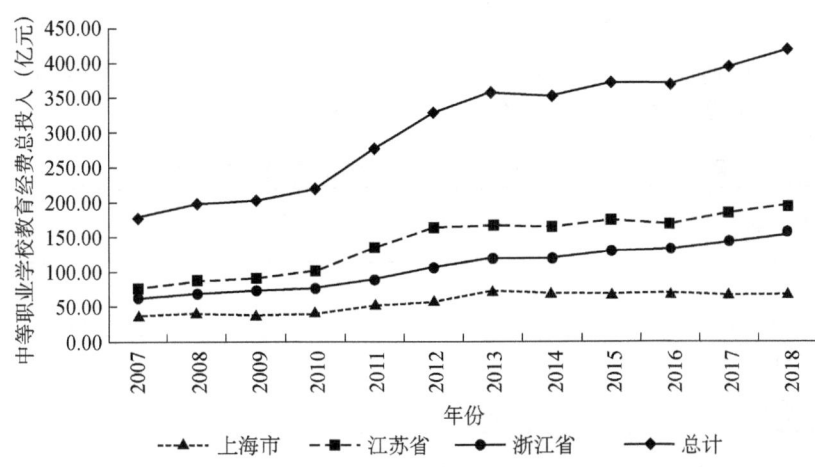

图2-18 2007～2018年两省一市中等职业学校教育经费总投入变化情况

表2-18 2007～2018年两省一市中等职业学校教育经费总投入及其变化情况

(单位:亿元)

年份	上海市	江苏省	浙江省	总计
2007	38.02	76.44	62.39	176.85
2008	41.05	88.10	68.43	197.58
2009	38.56	90.83	73.05	202.44
2010	41.38	101.38	76.23	218.98
2011	53.28	134.58	88.50	276.35
2012	58.98	163.54	105.66	328.17
2013	72.62	165.92	118.73	357.28
2014	68.35	164.50	118.92	351.77
2015	67.50	174.34	129.37	371.21
2016	67.76	168.10	132.47	368.32
2017	66.78	183.74	143.63	394.15
2018	68.67	194.22	155.96	418.84

2.1.7 普通高等学校

如表2-19所示,2018年两省一市普通高等学校教育经费总投入为2181.17亿元。其中，江苏省普通高等学校教育经费总投入最多，为874.37亿元，占比为40.09%；浙江省普通高等学校教育经费总投入最少，为598.58亿元，占比为27.44%；上海市普通高等学校教育经费总投入为708.22亿元，占比为32.47%。

表2-19 2018年两省一市普通高等学校教育经费总投入情况

地区	普通高等学校教育经费总投入（亿元）	占比（%）
上海市	708.22	32.47
江苏省	874.37	40.09
浙江省	598.58	27.44
总计	2181.17	100.00

如图2-19所示，2018年，两省一市普通高等学校教育经费总投入的平均值为727.06亿元。江苏省普通高等学校教育经费总投入比平均值高，浙江省和上海市普通高等学校教育经费总投入比平均值低。

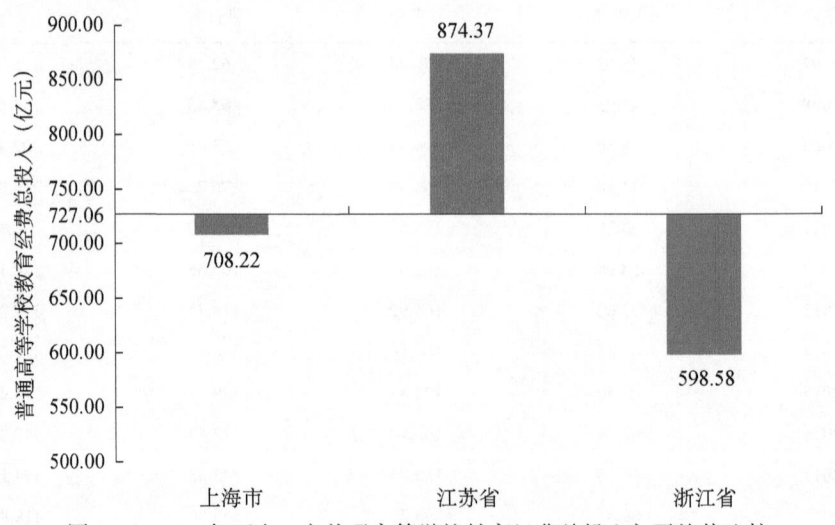

图2-19 2018年两省一市普通高等学校教育经费总投入与平均值比较

由表2-20可知，2000～2018年，两省一市普通高等学校教育经费总投入由190.79亿元增长至2181.17亿元，增长了10.43倍，年均增长率为14.49%。其中，浙江省普通高等学校教育经费总投入的增幅最大，增长了15.96倍，年均增长率为17.03%；上海市普通高等学校教育经费总投入增幅最小，增长了7.74倍，年均增长率为12.80%；江苏省普通高等学校教育经费总投入增幅为10.74倍，年均增长率为14.66%。

表2-20　2000～2018年两省一市普通高等学校教育经费总投入增长情况

地区	2000年普通高等学校教育经费总投入（亿元）	2018年普通高等学校教育经费总投入（亿元）	2000～2018年增幅（倍）	2000～2018年年均增长率（%）
上海市	81.00	708.22	7.74	12.80
江苏省	74.49	874.37	10.74	14.66
浙江省	35.30	598.58	15.96	17.03
总计	190.79	2181.17	10.43	14.49

由图2-20可知，2000～2018年，两省一市普通高等学校教育经费总投入的总年均增长率为14.49%。浙江省和江苏省普通高等学校教育经费总投入的年均增长率分别比总年均增长率高2.54个百分点和0.17个百分点，上海市普通高等学校教育经费总投入的年均增长率比总年均增长率低1.69个百分点。

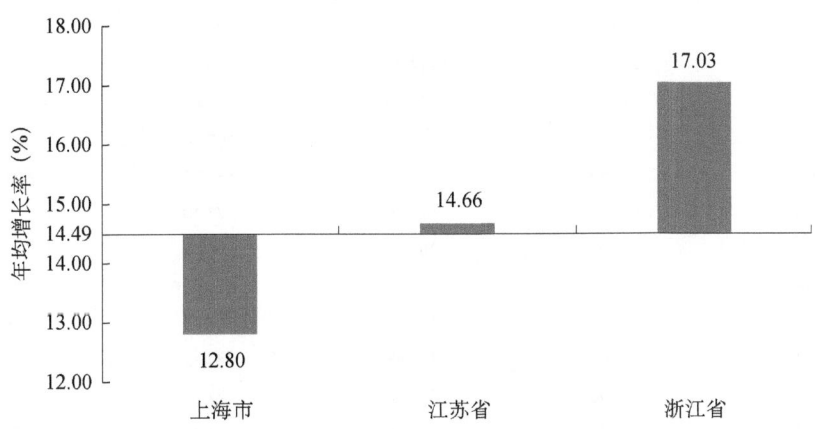

图2-20　2000～2018年两省一市普通高等学校教育经费总投入年均增长率与总年均增长率比较

由图2-21可知，总体来看，2000～2018年江苏省普通高等学校教育经费总投入最高，其次是上海市，浙江省最低。

2000～2018年两省一市普通高等学校教育经费总投入及其变化情况如表2-21所示。

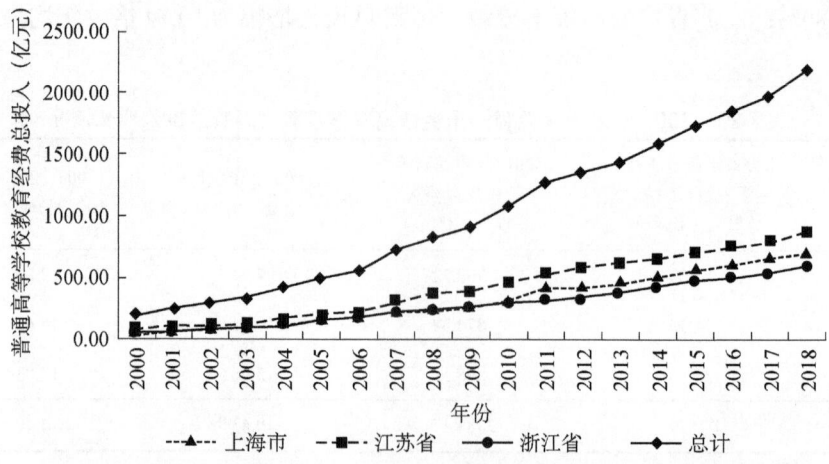

图2-21 2000~2018年两省一市普通高等学校教育经费总投入变化情况

表2-21 2000~2018年两省一市普通高等学校教育经费总投入及其变化情况

（单位：亿元）

年份	上海市	江苏省	浙江省	总计
2000	81.00	74.49	35.30	190.79
2001	87.99	91.91	56.21	236.10
2002	104.36	113.78	70.27	288.40
2003	123.25	131.08	83.67	338.00
2004	153.06	167.81	107.56	428.43
2005	168.56	200.82	130.85	500.22
2006	174.81	213.70	177.10	565.61
2007	226.90	301.15	209.98	738.03
2008	243.42	367.56	228.62	839.60
2009	263.78	394.66	250.48	908.92
2010	329.09	458.63	295.33	1083.05
2011	412.48	539.18	323.76	1275.42
2012	414.28	588.47	344.36	1347.11
2013	457.47	612.29	374.74	1444.50
2014	505.11	649.92	435.59	1590.62
2015	566.98	701.05	466.04	1734.07
2016	606.64	758.83	495.36	1860.84
2017	662.56	788.79	532.62	1983.97
2018	708.22	874.37	598.58	2181.17

2.2 教育事业费支出

教育事业费亦称教育经常费，是国家财政支出中用于教育事业的经常性费用。2000~2018年长三角核心区16个城市教育事业费支出情况如表2-22所示。

表2-22 2000~2018年长三角核心区16个城市教育事业费支出情况

（单位：亿元）

城市	2000年	2001年	2002年	2003年	2004年	2005年	2006年
上海市	84.00	99.68	116.20	131.37	155.35	182.94	205.46
南京市	7.08	10.84	14.23	17.86	21.10	24.40	28.55
无锡市	3.54	6.83	7.70	16.62	21.01	25.02	30.32
常州市	1.90	2.33	5.73	9.45	11.37	13.74	14.77
苏州市	2.50	5.16	6.13	21.82	26.01	31.71	39.90
南通市	1.34	1.79	2.00	11.30	13.84	14.12	16.40
扬州市	1.15	2.42	2.84	8.42	9.98	11.87	12.61
镇江市	1.22	1.51	2.63	6.42	7.87	8.40	9.83
泰州市	1.19	1.29	1.44	9.39	11.73	12.96	13.81
杭州市	4.03	10.64	13.41	24.55	30.78	36.34	42.21
宁波市	4.58	6.56	7.72	21.78	26.17	31.27	36.99
嘉兴市	1.15	1.62	2.01	10.45	13.32	15.97	19.02
湖州市	1.37	1.90	2.45	6.66	8.18	9.54	11.03
绍兴市	1.19	1.60	1.88	12.62	14.91	17.32	19.29
舟山市	1.58	2.06	2.52	4.03	4.60	5.12	5.97
台州市	2.69	3.37	4.42	16.39	19.89	22.37	25.31
总计	120.51	159.61	193.30	329.13	396.10	463.08	531.47
城市	2007年	2008年	2009年	2010年	2011年	2012年	
上海市	283.33	326.06	346.95	417.28	549.24	648.95	
南京市	45.52	58.07	64.07	76.50	95.30	124.99	
无锡市	44.92	52.66	64.49	82.32	102.89	115.89	

续表

城市	2007年	2008年	2009年	2010年	2011年	2012年
常州市	24.73	28.02	35.23	40.62	54.92	66.11
苏州市	72.69	86.23	102.49	123.11	151.27	180.70
南通市	33.64	41.27	50.51	65.03	89.03	113.79
扬州市	20.19	23.94	29.32	36.34	46.81	55.04
镇江市	15.42	18.11	22.36	26.99	33.28	46.01
泰州市	22.05	24.39	29.37	38.62	42.96	58.37
杭州市	62.75	74.25	86.28	105.88	132.05	146.98
宁波市	59.06	67.14	77.11	89.27	117.67	141.70
嘉兴市	26.22	32.60	34.89	42.93	55.60	64.93
湖州市	15.33	18.10	21.51	25.11	32.11	37.11
绍兴市	26.18	32.79	38.21	45.06	56.13	67.25
舟山市	8.22	9.71	10.58	12.14	16.27	21.34
台州市	33.27	39.06	44.96	51.57	62.31	73.97
总计	793.53	932.40	1058.33	1278.78	1637.84	1963.13

城市	2013年	2014年	2015年	2016年	2017年	2018年
上海市	679.54	695.53	767.32	840.97	874.10	917.99
南京市	125.89	136.88	178.17	202.86	217.84	253.06
无锡市	121.28	113.03	126.46	137.34	153.64	166.73
常州市	66.54	68.20	79.21	83.69	97.88	103.61
苏州市	196.07	204.05	230.56	262.32	299.57	312.95
南通市	132.37	141.88	164.36	154.87	152.99	148.33
扬州市	56.98	65.37	75.29	84.73	90.36	93.32
镇江市	49.71	54.92	64.44	67.05	71.76	77.90
泰州市	57.03	59.22	68.95	75.59	76.57	74.89
杭州市	162.44	182.69	223.44	253.01	279.30	315.44
宁波市	148.48	159.62	190.68	198.37	214.60	223.55
嘉兴市	70.81	75.66	88.81	89.72	102.08	120.20
湖州市	41.53	46.45	53.35	58.12	63.67	69.91
绍兴市	70.56	77.93	93.53	97.12	99.55	120.28
舟山市	22.95	24.61	26.33	29.17	33.17	34.41
台州市	77.60	83.88	98.63	108.47	122.62	134.51
总计	2079.79	2189.93	2529.53	2743.40	2949.69	3167.09

2.2.1 从数字看形势

由图2-22可知，2018年长三角核心区16个城市教育事业费支出的平均值为197.94亿元。上海市、杭州市、苏州市、南京市和宁波市等5个城市的教育事业费支出高于平均值，这5个城市的教育事业费支出总额为2022.99亿元，占16个城市教育事业费总支出的63.88%。宁波市和无锡市与平均值最为接近，而上海市和舟山市偏离平均值最远。

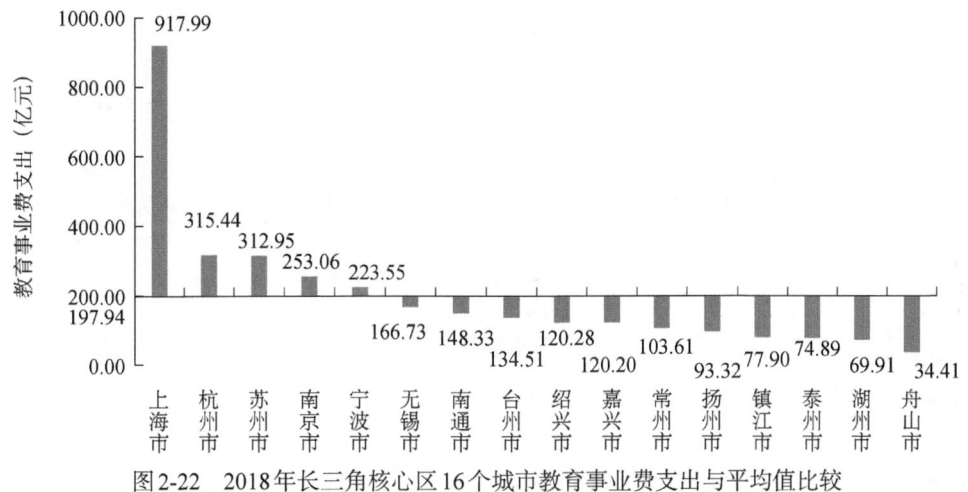

图2-22　2018年长三角核心区16个城市教育事业费支出与平均值比较

2000年、2010年和2018年长三角核心区16个城市教育事业费支出变化情况如图2-23所示。2018年，上海市、杭州市、苏州市教育事业费支出位列长三角核心区16个城市前三位，并且增幅相对较为明显。

2.2.2 从增速看发展

长三角核心区16个城市教育事业费总支出由2000年的120.51亿元增长至2018年的3167.09亿元，增长了25.28倍，年均增长率为19.91%。苏州市教育事业费支出增幅最大，为124.20倍，年均增长率为30.78%；上海市教育事业费支出增幅最小，为9.93倍，年均增长率为14.21%（表2-23）。

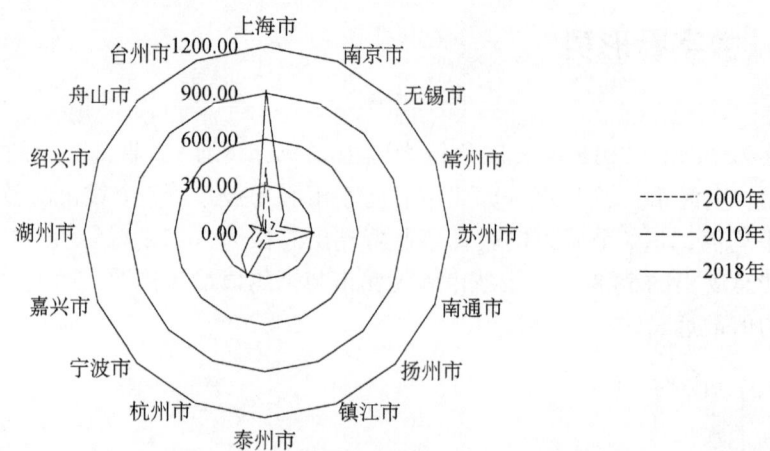

图2-23 2000年、2010年和2018年长三角核心区16个城市教育事业费支出变化情况
（单位：亿元）

表2-23 2000～2018年长三角核心区16个城市教育事业费支出增长情况

城市	2000年教育事业费支出（亿元）	2018年教育事业费支出（亿元）	2000～2018年增幅（倍）	2000～2018年年均增长率（%）
上海市	84.00	917.99	9.93	14.21
南京市	7.08	253.06	34.75	21.98
无锡市	3.54	166.73	46.12	23.87
常州市	1.90	103.61	53.46	24.88
苏州市	2.50	312.95	124.20	30.78
南通市	1.34	148.33	109.52	29.89
扬州市	1.15	93.32	80.46	27.69
镇江市	1.22	77.90	62.78	25.97
泰州市	1.19	74.89	61.71	25.85
杭州市	4.03	315.44	77.35	27.42
宁波市	4.58	223.55	47.81	24.11
嘉兴市	1.15	120.20	103.63	29.48
湖州市	1.37	69.91	50.11	24.43
绍兴市	1.19	120.28	100.36	29.25
舟山市	1.58	34.41	20.74	18.66
台州市	2.69	134.51	48.92	24.26
总计	120.51	3167.09	25.28	19.91

由图2-24可知，2000~2018年长三角核心区16个城市教育事业费支出年均增长率为19.91%，仅舟山市和上海市的教育事业费支出年均增长率低于总年均增长率。苏州市教育事业费支出年均增长率最高，达到30.78%；上海市教育事业费支出年均增长率最低，为14.21%。

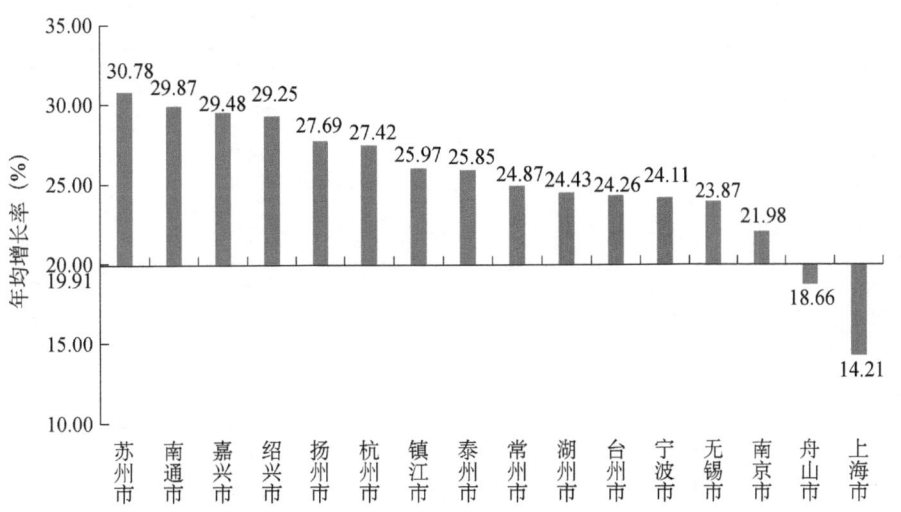

图2-24 2000~2018年长三角核心区16个城市教育事业费支出年均增长率与总年均增长率比较

2.2.3 从构成看特征

如表2-24所示，2000年长三角核心区16个城市教育事业费总支出为120.51亿元。其中，上海市教育事业费支出为84.00亿元，占比为69.70%，在16个城市中位列第一；扬州市和嘉兴市教育事业费支出最低，仅为1.15亿元，占比仅为0.95%。在江苏地区，南京市教育事业费支出最多，为7.08亿元，占比为5.87%；无锡市和苏州市分别位列第二和第三。在浙江地区，宁波市教育事业费支出最多，为4.58亿元，占比为3.80%；杭州市和台州市分别位列第二和第三。

2018年，长三角核心区16个城市教育事业费总支出为3167.09亿元。其中，上海市教育事业费支出为917.99亿元，占比为28.99%，在16个城市中位列第一；舟山市教育事业费支出最低，仅为34.41亿元，占比仅为1.09%。在江苏地区，苏州市教育事业费支出最多，为312.95亿元，占比为9.88%；南京市和无锡市分别位列第二和第三。在浙江地区，杭州市教育事业费支出最多，为315.44亿元，占比为9.96%；宁波市和台州市分别位列第二和第三。

表2-24　2000年和2018年长三角核心区16个城市教育事业费支出及其占比情况

城市	2000年教育事业费支出情况		2018年教育事业费支出情况	
	金额（亿元）	占比（%）	金额（亿元）	占比（%）
上海市	84.00	69.70	917.99	28.99
南京市	7.08	5.87	253.06	7.99
无锡市	3.54	2.94	166.73	5.26
常州市	1.90	1.58	103.61	3.27
苏州市	2.50	2.07	312.95	9.88
南通市	1.34	1.11	148.33	4.68
扬州市	1.15	0.95	93.32	2.95
镇江市	1.22	1.01	77.90	2.46
泰州市	1.19	0.99	74.89	2.36
杭州市	4.03	3.34	315.44	9.96
宁波市	4.58	3.80	223.55	7.06
嘉兴市	1.15	0.95	120.20	3.80
湖州市	1.37	1.14	69.91	2.21
绍兴市	1.19	0.98	120.28	3.80
舟山市	1.58	1.31	34.41	1.09
台州市	2.69	2.24	134.51	4.25
总计	120.51	100.00	3167.09	100.00

2.3　生均一般公共预算教育事业费支出

2018年，长三角核心区16个城市各类教育的生均一般公共预算教育事业费支出情况如表2-25所示。从中可知，在长三角核心区16个城市中：上海市幼儿园生均一般公共预算教育事业费支出最高，为21 553元；泰州市最低，为3401元。舟山市普通小学生均一般公共预算教育事业费支出最高，为24 509元；泰州市最低，为10 609

元。南京市普通初中生均一般公共预算教育事业费支出最高，为 36 995 元；台州市最低，为 16 293 元。南京市普通高中生均一般公共预算教育事业费支出最高，为 45 912 元；扬州市最低，为 20 274 元。镇江市中等职业学校生均一般公共预算教育事业费支出最高，为 36 007 元；扬州市最低，为 12 831 元。嘉兴市普通高等学校生均一般公共预算教育事业费支出最高，为 40 540 元；南通市最低，为 14 710 元。

表2-25　2018年长三角核心区16个城市各类教育的生均一般公共预算教育事业费支出情况

(单位：元)

城市	幼儿园	普通小学	普通初中	普通高中	中等职业学校	普通高等学校
上海市	21 553	21 887	33 285	39 237	30 035	39 323
南京市	13 809	20 496	36 995	45 912	28 055	23 299
无锡市	7 176	13 792	22 614	26 674	25 109	21 428
常州市	3 718	11 817	19 312	26 307	16 888	16 681
苏州市	12 558	16 364	24 742	33 605	19 040	24 525
南通市	7 774	14 256	21 715	26 271	16 372	14 710
扬州市	6 039	15 859	21 655	20 274	12 831	20 696
镇江市	8 230	16 640	25 120	27 223	36 007	20 696
泰州市	3 401	10 609	18 943	22 048	14 377	16 291
杭州市	14 158	18 233	30 880	34 401	30 229	28 335
宁波市	13 454	16 311	24 145	33 595	30 046	20 370
嘉兴市	10 163	17 936	28 495	30 983	26 976	40 540
湖州市	7 538	15 006	22 662	26 463	25 121	18 919
绍兴市	7 915	16 473	22 739	25 537	17 199	34 724
舟山市	13 332	24 509	30 210	33 949	27 513	18 400
台州市	11 101	12 301	16 293	21 511	13 823	20 917
总计	161 919	262 489	399 805	473 990	369 621	379 854

2.4　科学事业费支出

科学事业费是指国家预算拨款中用于各级科委归口管理的科学事业费及中国科

学院系统的科学事业费，使用范围包括人员经费、公务费、修缮费、设备购置费、业务费等。2000~2018年，长三角核心区16个城市科学事业费支出情况如表2-26所示。

表2-26 2000~2018年长三角核心区16个城市科学事业费支出情况

（单位：亿元）

城市	2000年	2001年	2002年	2003年	2004年	2005年	2006年
上海市	7.32	8.47	9.61	11.34	13.51	15.92	20.27
南京市	0.55	0.80	0.82	0.97	1.31	1.67	2.50
无锡市	0.09	0.13	0.15	0.28	0.25	0.29	0.52
常州市	0.03	0.04	0.09	0.14	0.18	0.18	0.21
苏州市	0.10	0.26	0.28	0.40	0.43	0.49	0.52
南通市	0.07	0.10	0.13	0.20	0.24	0.25	0.25
扬州市	0.01	0.04	0.07	0.09	0.12	0.11	0.16
镇江市	0.03	0.04	0.05	0.12	0.17	0.15	0.15
泰州市	0.03	0.02	0.03	0.10	0.17	0.10	0.13
杭州市	0.20	0.34	0.49	0.67	0.82	0.95	1.20
宁波市	0.24	0.32	0.40	0.51	0.63	0.96	1.17
嘉兴市	1.10	0.26	0.09	0.38	0.50	0.58	0.87
湖州市	0.03	0.04	0.05	0.08	0.11	0.27	0.33
绍兴市	0.15	0.19	0.05	0.38	0.55	0.67	0.82
舟山市	0.06	0.07	0.08	0.11	0.14	0.17	0.20
台州市	0.50	0.64	0.22	0.38	0.62	0.57	0.64
总计	10.52	11.76	12.60	16.15	19.74	23.33	29.94
城市	2007年	2008年	2009年	2010年	2011年	2012年	
上海市	105.77	120.27	215.31	202.03	218.50	245.43	
南京市	6.62	9.48	13.79	16.51	24.08	35.00	
无锡市	6.26	8.11	14.69	18.97	24.25	29.49	
常州市	4.51	5.50	5.80	8.71	12.53	18.93	
苏州市	14.49	22.77	28.77	35.71	53.61	66.59	
南通市	4.27	5.08	7.13	9.99	13.07	14.37	
扬州市	2.34	3.06	4.09	6.78	9.69	9.81	
镇江市	1.76	2.47	3.71	5.24	7.00	10.24	

2 经费投入与支出

续表

城市	2007年	2008年	2009年	2010年	2011年	2012年
泰州市	2.01	2.70	3.71	4.38	5.28	5.82
杭州市	12.16	18.55	22.07	28.86	34.92	40.19
宁波市	15.25	15.51	16.97	22.15	28.15	32.41
嘉兴市	4.14	5.22	5.90	7.54	9.48	10.46
湖州市	2.33	2.82	3.25	3.67	4.58	5.19
绍兴市	4.50	6.19	7.80	9.55	12.33	13.23
舟山市	1.48	1.78	2.11	2.44	2.75	3.49
台州市	3.24	4.07	4.59	5.76	5.64	7.89
总计	191.12	233.58	359.68	388.29	465.85	548.53
城市	2013年	2014年	2015年	2016年	2017年	2018年
上海市	257.66	262.29	271.85	341.71	389.90	426.37
南京市	40.12	44.72	52.03	53.13	67.29	80.54
无锡市	35.10	35.47	35.97	37.24	42.21	49.68
常州市	22.11	21.70	22.75	24.02	25.09	25.39
苏州市	76.37	75.80	88.33	95.20	124.03	152.28
南通市	19.07	21.79	24.27	22.83	27.24	37.78
扬州市	10.46	11.30	13.19	12.28	14.98	16.05
镇江市	10.70	11.87	12.27	13.48	12.65	16.50
泰州市	7.71	7.65	11.21	11.65	13.29	15.12
杭州市	46.26	52.41	70.15	74.92	92.32	118.21
宁波市	37.58	42.82	47.31	56.62	58.79	78.26
嘉兴市	12.06	14.09	16.36	17.94	20.25	23.87
湖州市	6.01	6.98	8.39	9.32	11.30	15.78
绍兴市	15.87	18.46	20.97	22.87	26.07	31.57
舟山市	4.02	4.48	5.10	5.88	5.55	6.78
台州市	8.83	9.81	16.70	11.53	13.72	16.96
总计	609.93	641.64	716.86	810.62	944.69	1111.15

2.4.1 从数字看态势

2018年,长三角核心区16个城市科学事业费支出的平均值为69.45亿元。上海市、苏州市、杭州市、南京市和宁波市等5个城市的科学事业费支出高于平均值,这5个城市的科学事业费总支出为855.66亿元,占16个城市科学事业费总支出的77.01%。宁波市和南京市两市与平均值最为接近(图2-25)。

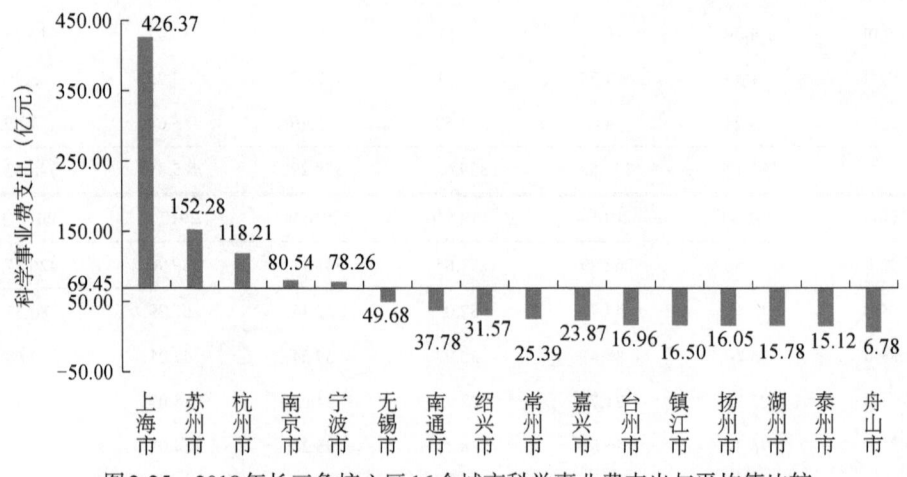

图2-25　2018年长三角核心区16个城市科学事业费支出与平均值比较

2000年、2010年和2018年长三角核心区16个城市科学事业费支出变化情况如图2-26所示。2000年,上海市、嘉兴市和南京市科学事业费支出位列前三;2010年和2018年,上海市、苏州市和杭州市科学事业费支出位列前三,并且变化趋势相对较为明显。

2.4.2 从增速看发展

由表2-27可知,长三角核心区16个城市科学事业费总支出由2000年的10.72亿元增长至2018年的1111.15亿元,增长了107.67倍,年均增长率为29.41%。总体来看,苏州市科学事业费支出增幅最大,为1456.20倍,年均增长率为49.88%;嘉兴市科学事业费支出增幅最小,为20.75倍,年均增长率为18.66%。

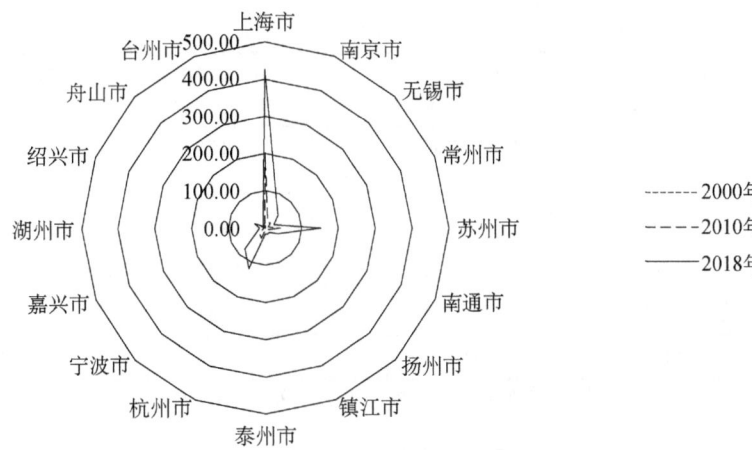

图 2-26　2000 年、2010 年、2018 年长三角核心区 16 个城市科学事业费支出变化情况
（单位：亿元）

2018 年，长三角核心区 16 个城市科学事业费总支出为 1111.15 亿元。上海市科学事业费支出为 426.37 亿元，在 16 个城市中位列第一；舟山市科学事业费支出最少，仅为 6.78 亿元。在江苏地区，苏州市科学事业费支出最多，为 152.28 亿元；南京市和无锡市分别位列第二和第三。在浙江地区，杭州市科学事业费支出最多，为 118.21 亿元；宁波市和绍兴市分别位列第二和第三。

表 2-27　2000～2018 年长三角核心区 16 个城市科学事业费支出增长情况

城市	2000 年科学事业费支出（亿元）	2018 年科学事业费支出（亿元）	2000～2018 年增幅（倍）	2000～2018 年年均增长率（%）
上海市	7.32	426.37	57.25	25.33
南京市	0.55	80.54	145.12	31.91
无锡市	0.09	49.68	552.20	42.03
常州市	0.03	25.39	865.70	45.62
苏州市	0.10	152.28	1456.20	49.88
南通市	0.07	37.78	507.47	41.37
扬州市	0.01	16.03	1325.43	49.10
镇江市	0.03	16.50	494.51	41.16
泰州市	0.03	15.12	506.49	41.35
杭州市	0.20	118.21	589.16	42.54
宁波市	0.24	78.26	324.56	37.91

续表

城市	2000年科学事业费支出（亿元）	2018年科学事业费支出（亿元）	2000~2018年增幅（倍）	2000~2018年年均增长率（%）
嘉兴市	1.10	23.87	20.75	18.66
湖州市	0.03	15.78	484.52	41.00
绍兴市	0.15	31.57	214.95	34.80
舟山市	0.06	6.78	121.47	30.62
台州市	0.50	16.96	32.80	21.60
总计	10.72	1111.15	102.67	29.41

注：因四舍五入及数据单位差异，计算所得数值与实际数值略有差异，特此说明。

由图2-27可以看出，2000~2018年长三角核心区16个城市科学事业费支出的总年均增长率为29.41%，上海市、台州市和嘉兴市等3个城市科学事业费支出年均增长率低于总年均增长率。南京市和舟山市的科学事业费支出年均增长率与总年均增长率的差异较小。

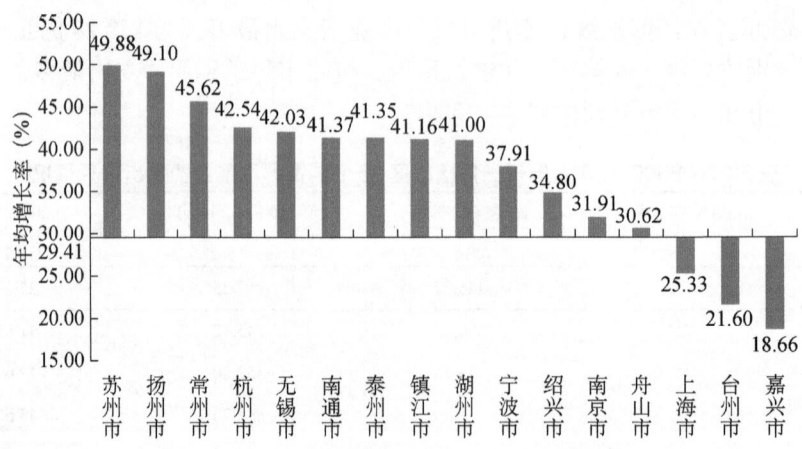

图2-27　2000~2018年长三角核心区16个城市科学事业费支出年均增长率与总年均增长率比较

2.4.3　从构成看特征

如表2-28所示，2000年长三角核心区16个城市科学事业费总支出为10.72亿元。上海市科学事业费支出为7.32亿元，占比为69.59%，在16个城市中位列第一；扬州市科学事业费支出最低，为0.01亿元，占比仅为0.11%。在江苏地区，南京市科学事业费支出最多，苏州市和无锡市分别位列第二和第三。在浙江地区，嘉兴市科学事业费支出最多，台州市和宁波市分别位列第二和第三。

2018年，长三角核心区16个城市科学事业费支出为1111.15亿元。上海市科学事业费支出为426.37亿元，占比为38.37%，在16个城市中位列第一；舟山市科学事业费支出最低，为6.78亿元，占比仅为0.61%。在江苏地区，苏州市科学事业费支出最多，南京市和无锡市分别位列第二和第三。在浙江地区，杭州市科学事业费支出最多，宁波市和绍兴市分别位列第二和第三。

表2-28　2000年和2018年长三角核心区16个城市科学事业费支出及其占比情况

城市	2000年科学事业费支出情况		2018年科学事业费支出情况	
	金额（亿元）	占比（%）	金额（亿元）	占比（%）
上海市	7.32	69.59	426.37	38.37
南京市	0.55	5.14	80.54	7.25
无锡市	0.09	0.84	49.68	4.47
常州市	0.03	0.27	25.39	2.29
苏州市	0.10	0.97	152.28	13.70
南通市	0.07	0.69	37.78	3.40
扬州市	0.01	0.11	16.05	1.44
镇江市	0.03	0.31	16.50	1.48
泰州市	0.03	0.28	15.12	1.36
杭州市	0.20	1.87	118.21	10.64
宁波市	0.24	2.24	78.26	7.04
嘉兴市	1.10	10.24	23.87	2.15
湖州市	0.03	0.30	15.78	1.42
绍兴市	0.15	1.36	31.57	2.84
舟山市	0.06	0.52	6.78	0.61
台州市	0.50	4.68	16.96	1.53
总计	10.72	100.00	1111.15	100.00

2.5 R&D 经费支出[①]

R&D 经费指用于基础研究、应用研究和试验发展的经费支出，包括实际用于研究与试验发展活动的人员劳务费、原材料费、固定资产购建费、管理费及其他费用支出。2000~2018年，上海市、江苏省和浙江省R&D经费支出情况如表2-29所示。

表2-29 2000~2018年两省一市R&D经费支出情况 （单位：亿元）

地区	2000年	2001年	2002年	2003年	2004年	2005年	2006年
上海市	73.78	88.08	110.27	128.92	171.12	208.35	258.84
江苏省	73.00	92.27	117.26	150.46	213.98	269.83	346.07
浙江省	33.35	41.41	54.29	75.23	115.55	163.29	224.03
总计	180.13	221.76	281.81	354.61	500.64	641.48	828.94
地区	2007年	2008年	2009年	2010年	2011年	2012年	
上海市	307.46	355.39	423.38	481.70	597.71	679.46	
江苏省	430.20	580.91	701.95	857.95	1065.51	1287.86	
浙江省	281.60	344.57	398.84	494.23	598.08	722.59	
总计	1019.26	1280.87	1524.17	1833.89	2261.31	2689.91	
地区	2013年	2014年	2015年	2016年	2017年	2018年	
上海市	776.78	861.95	936.14	1049.32	1205.21	1359.20	
江苏省	1487.45	1652.82	1801.23	2026.87	2260.06	2504.43	
浙江省	817.27	907.85	1011.18	1130.63	1266.34	1445.69	
总计	3081.50	3422.63	3748.55	4206.82	4731.61	5309.32	

2.5.1 从数字看形势

如图2-28所示，2018年两省一市R&D经费支出平均值为1769.77亿元。江苏省R&D经费支出高于平均值，上海市和浙江省R&D经费支出低于平均值。

[①] 由于各设区市R&D经费支出只有2017年的数据，故本节主要分析2000~2018年江苏省、浙江省和上海市以及2017年长三角核心区16个城市R&D经费支出的情况。

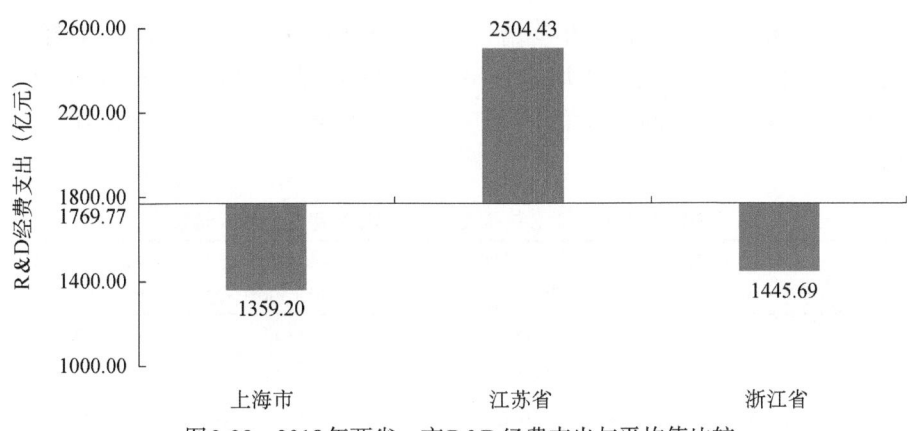

图 2-28　2018 年两省一市 R&D 经费支出与平均值比较

由图 2-29 可知，2017 年长三角核心区 16 个城市 R&D 经费支出的平均值为 222.16 亿元。上海市、杭州市、苏州市、无锡市、宁波市和南京市等 6 个城市的 R&D 经费支出高于平均值，这 6 个城市的 R&D 经费总支出为 2768.99 亿元，占 16 个城市 R&D 经费总支出的 77.90%。

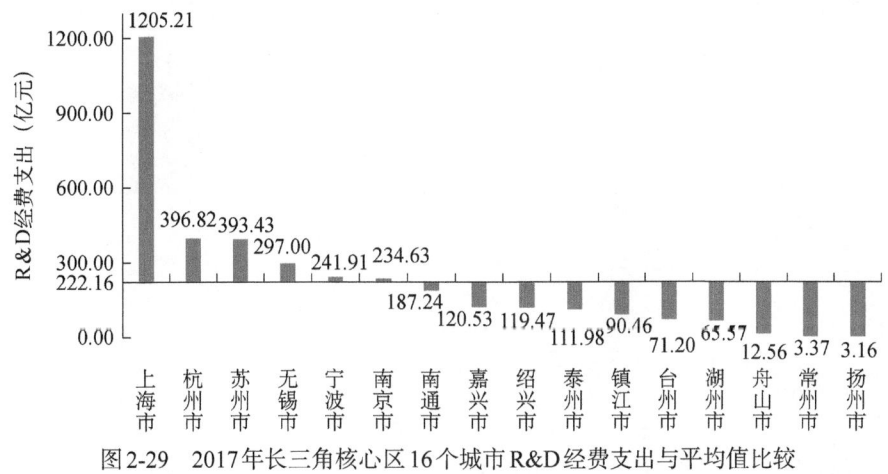

图 2-29　2017 年长三角核心区 16 个城市 R&D 经费支出与平均值比较

2.5.2　从增速看发展

由表 2-30 可知，2000~2018 年，两省一市 R&D 经费支出由 180.13 亿元增长至

5309.32亿元，增长了28.47倍，年均增长率为20.68%。其中，浙江省R&D经费支出增幅最大，增长了42.34倍，年均增长率为23.29%；其次是江苏省，增长了33.31倍，年均增长率为21.70%；上海市增幅最小，增长了17.42倍，年均增长率为17.57%。

表2-30　2000～2018年两省一市R&D经费支出增长情况

地区	2000年R&D经费支出（亿元）	2018年R&D经费支出（亿元）	2000～2018年增幅（倍）	2000～2018年年均增长率（%）
上海市	73.78	1359.20	17.42	17.57
江苏省	73.00	2504.43	33.31	21.70
浙江省	33.35	1445.69	42.34	23.29
总计	180.13	5309.32	28.47	20.68

由图2-30可知，2000～2018年，两省一市R&D经费支出的总年均增长率为20.68%。江苏省和浙江省R&D经费支出的年均增长率高于总年均增长率，分别高出1.02个百分点和2.61个百分点；上海市R&D经费支出的年均增长率低于总年均增长率，低了3.11个百分点。

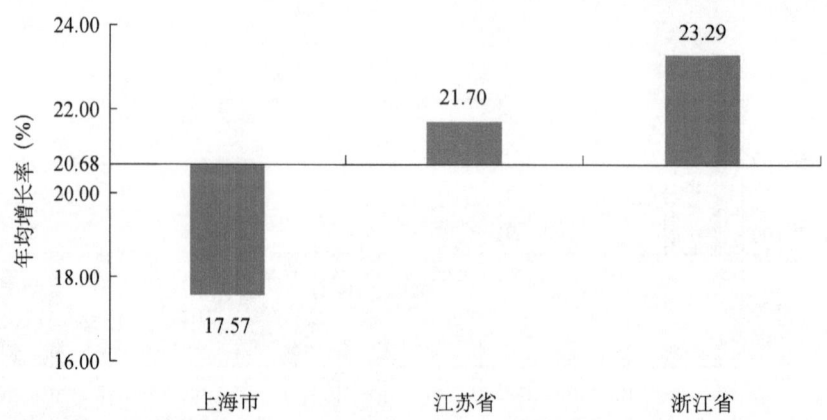

图2-30　2000～2018年两省一市R&D经费支出年均增长率与总年均增长率比较

由图2-31可知，2000年，上海市R&D经费支出略高于江苏省，江苏省R&D经费支出高于浙江省；在2001～2018年，江苏省R&D经费支出均高于上海市和浙江省；2000～2009年，上海市R&D经费支出均高于浙江省；2010年及以后，浙江省R&D经费支出高于上海市。

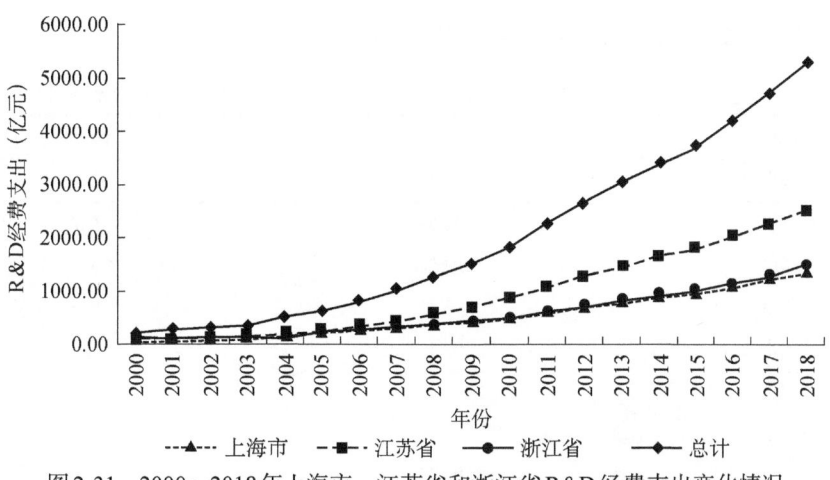

图2-31 2000~2018年上海市、江苏省和浙江省R&D经费支出变化情况

2.5.3 从构成看特征

由表2-31可知,2018年,上海市、江苏省、浙江省R&D经费支出为5309.32亿元。其中,江苏省R&D经费支出为2504.43亿元,占比为47.17%,位列第一;浙江省R&D经费支出为1445.69亿元,占比为27.23%,位列第二;上海市R&D经费支出为1359.20亿元,占比为25.60%。

表2-31 2000年和2018年两省一市R&D经费支出及其占比情况

地区	2000年R&D经费支出		2018年R&D经费支出	
	金额(亿元)	占比(%)	金额(亿元)	占比(%)
上海市	73.78	40.96	1359.20	25.60
江苏省	73.00	40.53	2504.43	47.17
浙江省	33.35	18.52	1445.69	27.23
总计	180.13	100.00	5309.32	100.00

如表2-32所示,2017年,长三角核心区16个城市R&D经费支出为3554.52亿元。其中,扬州市R&D经费支出最低,为3.16亿元,占比仅为0.09%。从江苏地区来看,苏州市R&D经费支出最多,为393.43亿元,占比为11.07%;无锡市和南京市分别位列第二和第三。从浙江地区来看,杭州市R&D经费支出最多,为396.82亿

元,占比为11.16%;宁波市和嘉兴市分别位列第二和第三。

表2-32 2017年长三角核心区16个城市R&D经费支出及其占比情况

城市	金额(亿元)	占比(%)
上海市	1205.21	33.91
南京市	234.63	6.60
无锡市	297.00	8.36
常州市	3.37	0.09
苏州市	393.43	11.07
南通市	187.24	5.27
扬州市	3.16	0.09
镇江市	90.46	2.54
泰州市	111.98	3.15
杭州市	396.82	11.16
宁波市	241.91	6.81
嘉兴市	120.53	3.39
湖州市	65.57	1.84
绍兴市	119.47	3.36
舟山市	12.56	0.35
台州市	71.20	2.00
总计	3554.52	100.00

3 高等学校

高等学校是大学、专门学院和高等专科学校的统称,简称高校,高等学校主要分为普通高等学校和成人高等学校。本章将通过普通高等学校数、普通高等学校专任教师数、普通高等学校在校生数、每万人中普通高等学校在校生数、普通高等学校生师比、成人高等学校数、成人高等学校在校生数、每万人中成人高等学校在校生数等8个指标来分析长三角核心区高等教育的发展情况。

3.1 普通高等学校数

普通高等学校是指通过国家普通高等教育招生考试,招收高中毕业生为主要培养对象,实施高等学历教育的全日制大学、独立设置的学院、独立学院和高等专科学校、高等职业学校及其他普通高教机构。2000~2018年长三角核心区16个城市普通高等学校的数量如表3-1所示。

表3-1 2000~2018年长三角核心区16个城市普通高等学校数

(单位:所)

城市	2000年	2001年	2002年	2003年	2004年	2005年
上海市	37	45	50	57	59	60
南京市	28	31	35	39	38	38
常州市	3	5	8	8	9	9
南通市	6	6	7	8	6	6
苏州市	7	8	9	12	13	16
泰州市	1	2	3	3	5	3
无锡市	4	5	7	9	11	11
扬州市	2	2	2	3	5	5
镇江市	5	3	4	4	5	5
杭州市	32	33	34	35	36	36
湖州市	2	2	2	4	3	3
嘉兴市	2	7	8	8	8	6
宁波市	8	11	11	12	14	13
绍兴市	3	4	4	4	4	5

续表

城市	2000年	2001年	2002年	2003年	2004年	2005年
台州市	1	2	2	3	3	3
舟山市	1	1	1	1	3	3
总计	142	167	187	210	222	222
城市	2006年	2007年	2008年	2009年	2010年	2011年
上海市	60	60	61	66	66	66
南京市	41	41	41	42	42	42
常州市	9	9	9	9	9	9
南通市	6	6	6	6	6	6
苏州市	17	18	18	19	20	20
泰州市	3	3	3	3	3	3
无锡市	11	11	11	11	11	12
扬州市	5	5	5	5	5	5
镇江市	5	5	5	5	5	5
杭州市	36	36	36	36	37	38
湖州市	3	3	3	3	3	3
嘉兴市	4	4	4	5	6	6
宁波市	13	15	13	15	14	14
绍兴市	5	5	5	7	7	7
台州市	3	4	4	4	4	4
舟山市	3	3	3	3	3	3
总计	224	228	227	239	241	243
城市	2012年	2013年	2014年	2015年	2016年	2017年	2018年
上海市	67	68	68	67	64	64	64
南京市	43	53	44	44	44	44	53
常州市	9	10	9	10	10	10	10
南通市	7	8	8	8	8	8	9
苏州市	24	25	21	21	22	22	26
泰州市	6	7	3	3	3	3	7
无锡市	12	12	12	12	12	12	12
扬州市	7	7	6	6	6	7	9

续表

城市	2012年	2013年	2014年	2015年	2016年	2017年	2018年
镇江市	6	6	5	5	6	6	8
杭州市	38	38	38	39	39	39	40
湖州市	3	3	3	3	3	3	3
嘉兴市	6	6	6	6	6	6	6
宁波市	14	14	14	14	14	14	13
绍兴市	7	9	9	9	10	11	11
台州市	4	4	4	4	4	4	4
舟山市	3	3	4	4	4	4	4
总计	256	273	254	255	255	257	279

3.1.1 从数字看态势

由图3-1可知，2018年，长三角核心区16个城市普通高等学校数的平均值为17所，上海市、南京市、杭州市和苏州市普通高等学校数高于平均值。上海市的普通高等学校数最多，为64所；湖州市的普通高等学校数最少，仅为3所，与上海市普通高等学校数的差距高达61所。

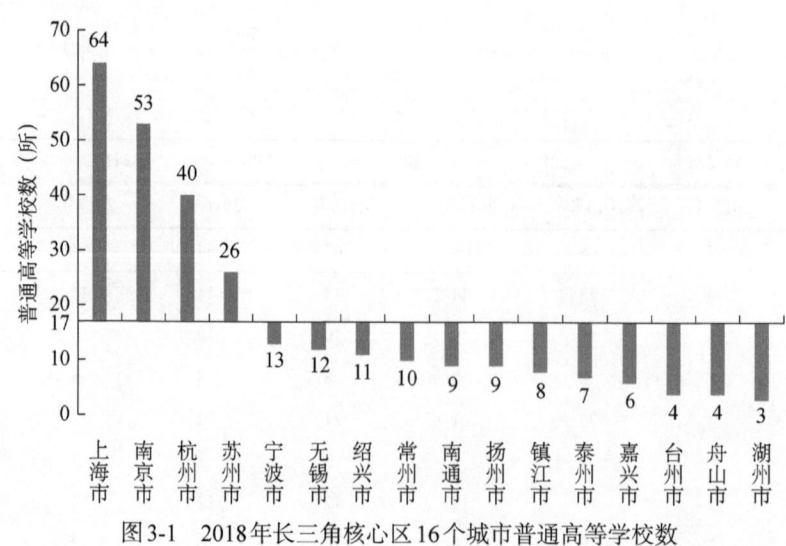

图3-1　2018年长三角核心区16个城市普通高等学校数

如图3-2所示，长三角核心区16个城市的普通高等学校数均处于增长态势。但2010年以后，除南京市外，其他城市普通高等学校数的增长态势都不明显。2018年，上海市、南京市、杭州市、苏州市、宁波市和无锡市等6个城市的普通高等学校数位居前六。

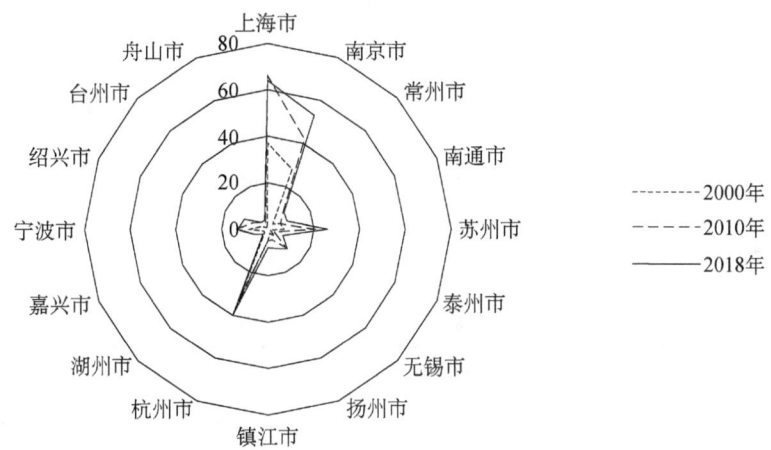

图3-2　2000年、2010年和2018年长三角核心区16个城市普通高等学校数变化情况（单位：所）

3.1.2　从增速看发展

如表3-2所示，2000~2018年，长三角核心区整体普通高等学校数增幅为0.96倍，年均增长率为3.82%。

分地区来看，2018年江苏地区普通高等学校数比2000年增长了1.39倍，其中泰州市增幅最大（6.00倍），南通市增幅最低（0.50倍）；浙江地区普通高等学校数增幅不足江苏地区增幅的一半，其中台州市和舟山市的增幅最大，均为3.00倍；上海市的增幅仅为0.73倍，城市排名为倒数第六。总体而言，江苏地区普通高等学校总数增幅最为明显。

分城市来看，2000~2018年，泰州市普通高等学校数的年均增长率最高，为11.42%；杭州市的年均增长率最低，为1.25%。

表3-2 2000～2018年长三角核心区16个城市普通高等学校数增长情况

地区	2000年普通高等学校数（所）	2018年普通高等学校数（所）	2000～2018年增幅（倍）	2000～2018年年均增长率（%）
上海市	37	64	0.73	3.09
南京市	28	53	0.89	3.61
常州市	3	10	2.33	6.92
南通市	6	9	0.50	2.28
苏州市	7	26	2.71	7.56
泰州市	1	7	6.00	11.42
无锡市	4	12	2.00	6.29
扬州市	2	9	3.50	8.72
镇江市	5	8	0.60	2.65
杭州市	32	40	0.25	1.25
湖州市	2	3	0.50	2.28
嘉兴市	2	6	2.00	6.29
宁波市	8	13	0.63	2.73
绍兴市	3	11	2.67	7.49
台州市	1	4	3.00	8.01
舟山市	1	4	3.00	8.01
上海市	37	64	0.73	3.09
江苏地区	56	134	1.39	4.97
浙江地区	49	81	0.65	2.83
总计	142	279	0.96	3.82

如图3-3所示，2000～2018年，长三角核心区普通高等学校数的整体规模呈现增长态势。上海市、江苏地区和浙江地区的普通高等学校数增长趋势存在明显差异。其中，江苏地区的增长趋势最为明显，上海市普通高等学校数始终最低。具体来看，上海市普通高等学校数变化整体比较平稳；江苏地区普通高等学校数从2014年开始大幅下降，于次年开始缓慢回升，并且江苏地区普通高等学校数一直稳居第一；浙江地区普通高等学校数总体保持稳步增长。

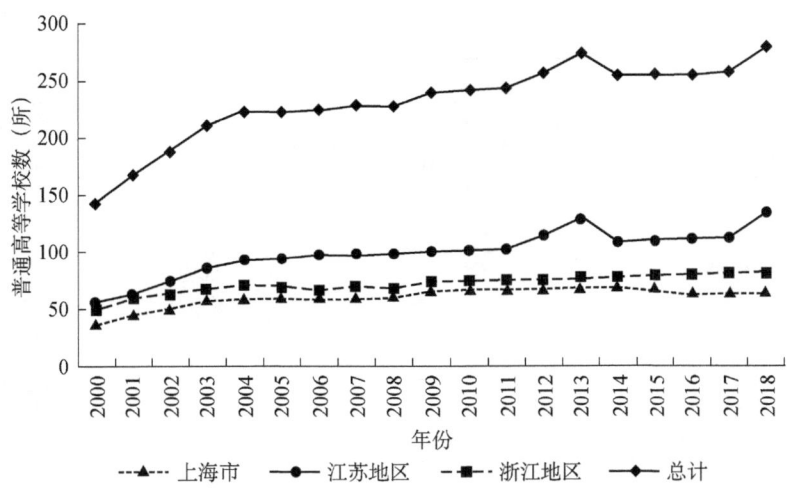

图 3-3　2000～2018年上海市、江苏地区和浙江地区普通高等学校数变化情况

3.1.3　从构成看特征

如表3-3所示，2000年，江苏地区普通高等学校数占长三角核心区普通高等学校数的比重最高，为39.44%，上海市普通高等学校数占长三角核心区普通高等学校数比重最低，仅为26.06%。具体来看，上海市、杭州市、南京市普通高等学校数占长三角核心区普通高等学校数比重均超过或接近20%，分别为26.06%、22.54%、19.72%；泰州市、台州市、舟山市普通高等学校数占长三角核心区普通高等学校数比重最低，均未达到1%。

2018年，长三角核心区16个城市共有普通高等学校279所。其中，上海市为64所，占长三角核心区普通高等学校数的比重为22.94%；江苏地区为134所，占长三角核心区普通高等学校数的比重为48.03%；浙江地区为81所，占长三角核心区普通高等学校数的比重为29.03%。江苏地区普通高等学校数占长三角核心区普通高等学校数接近一半，其中南京市普通高等学校数占比最高，为19.00%。

表3-3　2000年和2018年长三角核心区16个城市普通高等学校数及其占比情况

地区	2000年		2018年	
	总数（所）	占比（%）	总数（所）	占比（%）
上海市	37	26.06	64	22.94

续表

地区	2000年		2018年	
	总数（所）	占比（%）	总数（所）	占比（%）
南京市	28	19.72	53	19.00
常州市	3	2.11	10	3.58
南通市	6	4.23	9	3.23
苏州市	7	4.93	26	9.32
泰州市	1	0.70	7	2.51
无锡市	4	2.82	12	4.30
扬州市	2	1.41	9	3.23
镇江市	5	3.52	8	2.87
杭州市	32	22.54	40	14.34
湖州市	2	1.41	3	1.08
嘉兴市	2	1.41	6	2.15
宁波市	8	5.63	13	4.66
绍兴市	3	2.11	11	3.94
台州市	1	0.70	4	1.43
舟山市	1	0.70	4	1.43
上海市	37	26.06	64	22.94
江苏地区	56	39.44	134	48.03
浙江地区	49	34.51	81	29.03
总计	142	100.00	279	100.00

3.2 普通高等学校专任教师数

普通高等学校专任教师是指在普通高等学校中，具备教师资格、专门从事教学工作的人员。2000~2018年，长三角核心区16个城市普通高等学校专任教师数如表3-4所示。

表3-4 2000～2018年长三角核心区16个城市普通高等学校专任教师数

(单位：人)

城市	2000年	2001年	2002年	2003年	2004年	2005年	2006年
上海市	20 491	21 695	22 949	24 387	28 737	31 815	33 873
南京市	14 965	16 853	19 235	21 339	26 051	28 961	34 268
常州市	1 233	1 414	2 363	2 979	3 443	4 211	4 950
南通市	1 413	1 793	1 933	2 387	2 790	3 062	3 627
苏州市	3 127	3 555	3 769	4 408	5 435	7 054	7 946
泰州市	137	392	742	809	1 009	1 109	1 430
无锡市	1 755	1 912	2 542	2 887	3 719	4 509	5 254
扬州市	2 291	2 373	2 850	2 708	3 100	3 357	3 801
镇江市	2 062	2 542	2 642	3 034	3 183	3 762	4 067
杭州市	10 477	11 866	13 605	18 141	18 445	19 583	21 375
湖州市	333	524	569	724	819	943	1 052
嘉兴市	601	772	805	997	964	1 133	1 344
宁波市	2 298	2 758	3 523	4 225	5 633	6 004	6 488
绍兴市	714	1 039	1 114	1 383	1 592	1 946	2 133
台州市	381	619	702	840	1 083	1 145	1 807
舟山市	239	378	432	480	830	888	835
总计	62 517	70 485	79 775	91 728	106 833	119 482	134 250
城市	2007年	2008年	2009年	2010年	2011年	2012年	2013年
上海市	35 480	36 854	38 134	39 170	39 626	40 118	40 297
南京市	40 769	46 040	48 263	50 021	51 150	47 327	52 531
常州市	5 159	5 608	5 169	5 076	4 924	4 707	5 009
南通市	3 843	3 977	4 410	4 378	3 903	3 993	4 402
苏州市	8 859	8 498	9 721	9 741	9 832	10 392	10 704
泰州市	1 799	2 077	2 219	2 476	2 539	2 710	2 746
无锡市	5 572	5 736	5 751	5 665	5 772	5774	5 918
扬州市	3 979	4 118	4 247	4 233	4 575	4 532	4 950
镇江市	4 383	4 757	5 040	5 125	5 281	5 081	5 196
杭州市	23 197	24 017	24 765	25 003	25 735	26 689	27 544
湖州市	1 102	1 144	1 185	1 224	1 661	1 912	1 960

续表

城市	2007年	2008年	2009年	2010年	2011年	2012年	2013年
嘉兴市	1 576	1 801	1 995	2 587	2 808	3 210	2 910
宁波市	6 634	6 892	6 933	7 146	9 086	7 374	7 524
绍兴市	2 300	2 494	2 561	2 690	2 761	2 874	3 807
台州市	1 370	1 447	1 520	1 579	1 595	1 616	1 593
舟山市	905	956	1 017	1 027	1 032	1 001	1 059
总计	146 927	156 416	162 930	167 141	172 280	169 310	178 150

城市	2014年	2015年	2016年	2017年	2018年
上海市	40 558	41 570	42 308	43 484	44 585
南京市	47 749	47 979	48 854	50 017	51 765
常州市	5 256	5 343	5 878	5 810	5 989
南通市	4 939	4 888	4 937	5 029	5 064
苏州市	11 316	11 695	12 143	12 413	12 775
泰州市	2 801	3 030	3 134	3 223	3 279
无锡市	6 053	6 213	6 144	6 189	6 283
扬州市	4 883	4 781	4 780	5 251	5 473
镇江市	5 324	5 501	5 690	5 695	5 967
杭州市	28 265	28 868	29 222	29 843	30 247
湖州市	1 463	1 483	1 511	1 628	1 653
嘉兴市	2 989	2 384	2 418	3 080	3 134
宁波市	7 808	8 417	8 056	8 432	8 409
绍兴市	3 912	3 952	4 072	4 431	4 782
台州市	1 645	1 633	1 667	1 741	1 786
舟山市	1 094	1 223	1 276	1 307	1 348
总计	176 055	178 960	182 090	187 573	192 539

3.2.1 从数字看态势

如图3-4所示，2018年，长三角核心区16个城市普通高等学校专任教师数的平均值为12 033人，南京市、上海市、杭州市和苏州市等4个城市的普通高等学校专任教师数高于平均值。其中，南京市普通高等学校专任教师数最高，为51 765人；舟山市普通高等学校专任教师数最低，仅为1348人。

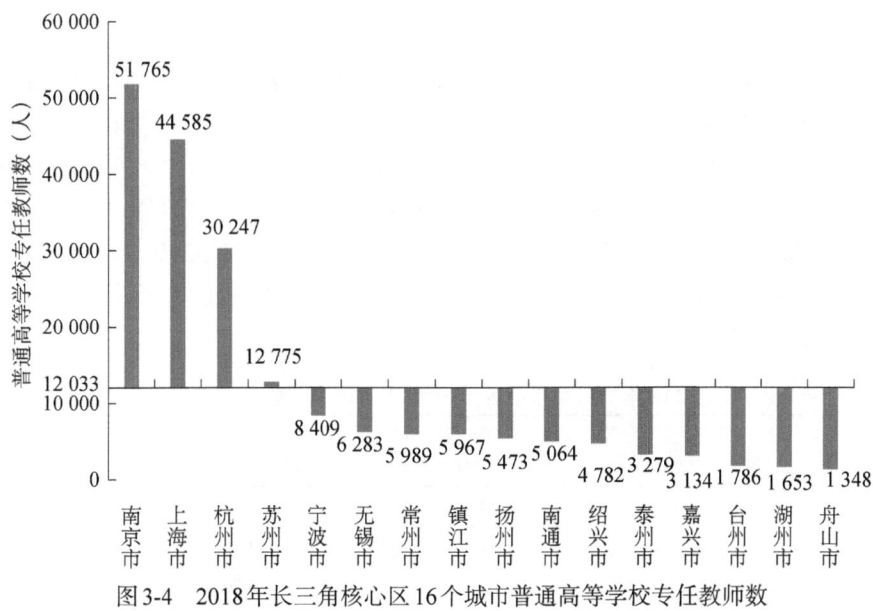

图3-4　2018年长三角核心区16个城市普通高等学校专任教师数

如图3-5所示，长三角核心区16个城市普通高等学校专任教师数整体呈现出稳定增长的趋势，但2010年后增速有所放缓。2018年，南京市、上海市、杭州市、苏州市、宁波市和无锡市的普通等学校专任教师数位列长三角核心区前六。

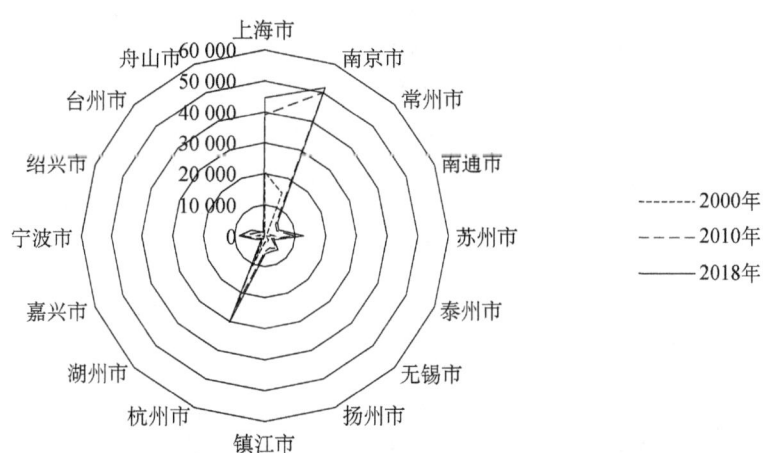

图3-5　2000年、2010年和2018年长三角核心区16个城市普通高等学校专任教师数变化情况
（单位：人）

3.2.2 从增速看发展

如表3-5所示,长三角核心区16个城市普通高等学校专任教师数从2000年的62 517人增长至2018年的192 539人,增幅为2.08倍,年均增长率为6.45%。其中,江苏地区普通高等学校专任教师数的增长趋势最为突出,增幅和年均增长率分别为2.58倍、7.34%。具体来看,长三角核心区16个城市中,泰州市普通高等学校专任教师数的增长最为明显,从2000年的137人增长至2018年的3279人,增幅为22.93倍,年均增长率为19.29%;上海市普通高等学校专任教师数的增长最为缓慢,增幅仅为1.18倍,年均增长率仅为4.41%。

表3-5 2000~2018年长三角核心区16个城市普通高等学校专任教师数增长情况

地区	2000年普通高等学校专任教师数(人)	2018年普通高等学校专任教师数(人)	2000~2018年增幅(倍)	2000~2018年年均增长率(%)
上海市	20 491	44 585	1.18	4.41
南京市	14 965	51 765	2.46	7.14
常州市	1 233	5 989	3.86	9.18
南通市	1 413	5 064	2.58	7.35
苏州市	3 127	12 775	3.09	8.13
泰州市	137	3 279	22.93	19.29
无锡市	1 755	6 283	2.58	7.34
扬州市	2 291	5 473	1.39	4.96
镇江市	2 062	5 967	1.89	6.08
杭州市	10 477	30 247	1.89	6.07
湖州市	333	1 653	3.96	9.31
嘉兴市	601	3 134	4.21	9.61
宁波市	2 298	8 409	2.66	7.47
绍兴市	714	4 782	5.70	11.14
台州市	381	1 786	3.69	8.96
舟山市	239	1 348	4.64	10.09
上海市	20 491	44 585	1.18	4.41
江苏地区	26 983	96 595	2.58	7.34
浙江地区	15 043	51 359	2.41	7.06
总计	62 517	192 539	2.08	6.45

如图3-6所示，2000～2018年，长三角核心区16个城市普通高等学校专任教师数总体呈增长态势。具体来看，上海市、江苏地区和浙江地区普通高等学校专任教师数总体均呈现增长的趋势。其中，江苏地区普通高等学校专任教师数的增幅最大。2010年之前，各地区普通高等学校专任教师数增幅较大；2010年之后，各地区的增幅有所下降。就普通高等学校专任教师的规模而言，江苏地区普通高等学校专任教师数始终高于上海市、浙江地区。

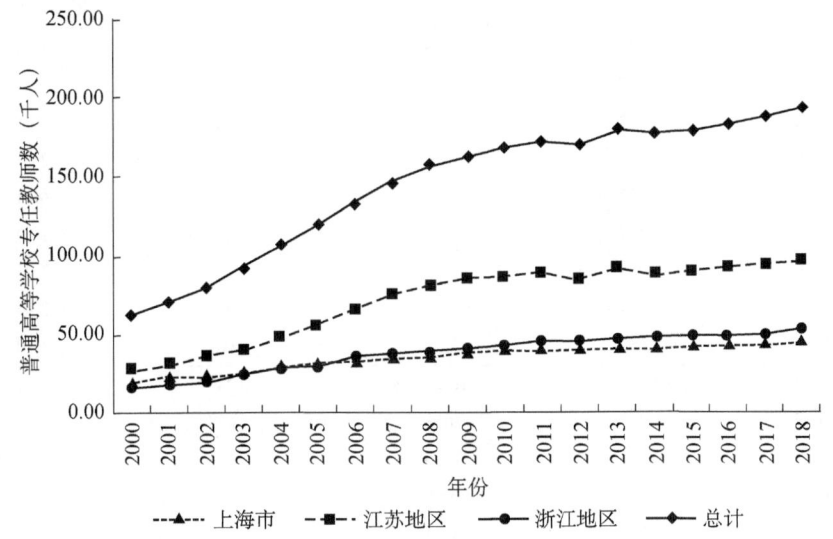

图3-6　2000～2018年上海市、江苏地区和浙江地区普通高等学校专任教师数变化情况

3.2.3　从构成看特征

如表3-6所示，2000年，江苏地区普通高等学校专任教师数占长三角核心区的比重最高，为43.16%，远高于上海市、浙江地区。从城市来看，仅上海市、南京市、杭州市的普通高等学校专任教师数占长三角核心区的比重超过15%，分别为32.78%、23.94%、16.76%；泰州市、舟山市、湖州市、台州市、嘉兴市普通高等学校专任教师数占长三角核心区的比重最低，均不足1%。

2018年，江苏地区普通高等学校专任教师数占长三角核心区的比重进一步增加，为50.17%；浙江地区普通高等学校专任教师数占长三角核心区的比重也有所增加，为26.67%；上海市普通高等学校专任教师数占长三角核心区的比重降低，为

23.16%。具体来看，南京市、苏州市、泰州市、绍兴市、常州市、宁波市、嘉兴市、无锡市、南通市、湖州市、台州市和舟山市的普通高等学校专任教师数占长三角核心区的比重均有不同程度的增加，其他城市普通高等学校专任教师数占长三角核心区的比重有所下降。

表3-6　2000年和2018年长三角核心区16个城市普通高等学校专任教师数及其占比情况

地区	2000年		2018年	
	总数（人）	占比（％）	总数（人）	占比（％）
上海市	20 491	32.78	44 585	23.16
南京市	14 965	23.94	51 765	26.89
常州市	1 233	1.97	5 989	3.11
南通市	1 413	2.26	5 064	2.63
苏州市	3 127	5.00	12 775	6.64
泰州市	137	0.22	3 279	1.70
无锡市	1 755	2.81	6 283	3.26
扬州市	2 291	3.66	5 473	2.84
镇江市	2 062	3.30	5 967	3.10
杭州市	10 477	16.76	30 247	15.71
湖州市	333	0.53	1 653	0.86
嘉兴市	601	0.96	3 134	1.63
宁波市	2 298	3.68	8 409	4.37
绍兴市	714	1.14	4 782	2.48
台州市	381	0.61	1 786	0.93
舟山市	239	0.38	1 348	0.70
上海市	20 491	32.78	44 585	23.16
江苏地区	26 983	43.16	96 595	50.17
浙江地区	15 043	24.06	51 359	26.67
总计	62 517	100.00	192 539	100.00

3.3　普通高等学校在校生数

普通高等学校在校生是指普通高等学校学年初开学后，具有学籍的在校学生。

2000~2018年，长三角核心区16个城市普通高等学校在校生数如表3-7所示。

表3-7 2000~2018年长三角核心区16个城市普通高等学校在校生数

（单位：人）

城市	2000年	2001年	2002年	2003年	2004年	2005年
上海市	226 798	279 966	331 649	378 517	415 701	442 620
南京市	216 875	277 954	347 823	333 648	491 463	561 102
常州市	20 013	21 866	29 226	53 059	73 862	83 880
南通市	18 297	27 701	35 105	43 681	51 439	56 724
苏州市	47 701	57 976	66 319	80 523	94 960	109 189
泰州市	4 594	6 073	7 307	10 371	13 664	20 026
无锡市	25 768	35 571	36 497	48 366	61 279	79 174
扬州市	30 684	34 135	40 721	47 426	52 962	61 712
镇江市	27 190	37 000	39 230	43 720	50 878	64 139
杭州市	112 777	162 219	208 338	269 798	292 946	328 524
湖州市	3 991	6 723	9 975	12 051	14 269	16 406
嘉兴市	7 721	11 551	17 463	18 677	17 665	21 298
宁波市	25 918	43 417	62 044	80 108	96 425	110 548
绍兴市	5 800	8 880	14 290	19 344	25 034	30 702
台州市	4 125	6 892	10 623	11 768	15 371	18 069
舟山市	3 813	4 785	6 260	6 146	10 253	13 481
总计	782 065	1 022 709	1 262 870	1 457 203	1 778 171	2 017 594
城市	2006年	2007年	2008年	2009年	2010年	2011年
上海市	466 333	484 873	502 899	512 809	515 661	511 283
南京市	620 779	679 924	725 019	773 394	793 405	808 498
常州市	94 235	102 454	105 225	125 468	104 255	104 648
南通市	65 364	73 125	83 380	89 390	82 647	74 529
苏州市	128 194	152 459	166 828	187 678	177 743	178 541
泰州市	25 618	34 481	39 796	43 819	47 013	47 542
无锡市	91 327	102 561	109 553	112 715	109 629	108 347
扬州市	69 846	76 119	78 521	76 028	77 541	77 780
镇江市	72 913	79 252	83 473	86 637	86 513	88 013
杭州市	349 976	366 160	379 857	394 087	434 811	446 721

续表

城市	2006年	2007年	2008年	2009年	2010年	2011年
湖州市	18 795	21 096	23 468	24 409	24 768	25 329
嘉兴市	25 540	30 173	36 832	38 932	52 351	56 821
宁波市	121 263	126 094	130 440	135 098	140 818	144 424
绍兴市	38 332	44 103	50 258	52 898	53 869	56 455
台州市	21 079	24 307	27 254	29 164	29 749	30 933
舟山市	17 311	20 809	22 695	22 389	22 327	22 934
总计	2 226 905	2 417 990	2 565 498	2 704 915	2 753 100	2 782 798

城市	2012年	2013年	2014年	2015年	2016年	2017年	2018年
上海市	506 596	504 771	506 644	511 623	514 683	514 917	517 796
南京市	651 948	807 450	805 338	812 619	827 773	721 540	726 728
常州市	88 233	106 303	108 557	102 994	123 815	102 676	105 017
南通市	75 402	76 272	80 895	83 218	94 840	90 388	95 306
苏州市	192 206	201 926	209 479	214 147	219 271	209 735	217 950
泰州市	48 509	49 089	49 305	56 212	59 201	61 748	63 413
无锡市	109 363	111 391	114 240	115 341	113 732	112 689	106 027
扬州市	83 844	81 717	80 955	81 550	80 450	75 619	78 957
镇江市	82 345	83 052	84 214	85 340	87 481	80 370	83 840
杭州市	459 181	471 820	474 700	475 558	427 978	425 769	431 965
湖州市	26 153	26 673	26 988	32 199	26 668	26 383	26 941
嘉兴市	60 753	63 731	65 722	52 713	65 441	69 153	70 711
宁波市	145 358	148 954	150 854	155 767	155 144	156 110	149 804
绍兴市	59 758	77 532	80 348	83 831	90 277	97 345	99 270
台州市	31 132	32 018	32 631	33 567	34 205	34 728	35 216
舟山市	22 989	23 301	22 731	23 468	24 521	22 059	23 032
总计	2 643 770	2 866 000	2 893 601	2 920 147	2 945 480	2 801 229	2 831 973

3.3.1 从数字看态势

如图3-7所示，2018年长三角核心区16个城市普通高等学校在校生数平均值为176 998人，南京市、上海市、杭州市和苏州市等4个城市的普通高等学校在校生数高于平均值。其中，南京市普通高等学校在校生数最多，为726 728人；舟山市普通高等学校在校生数最少,为 23 032 人。

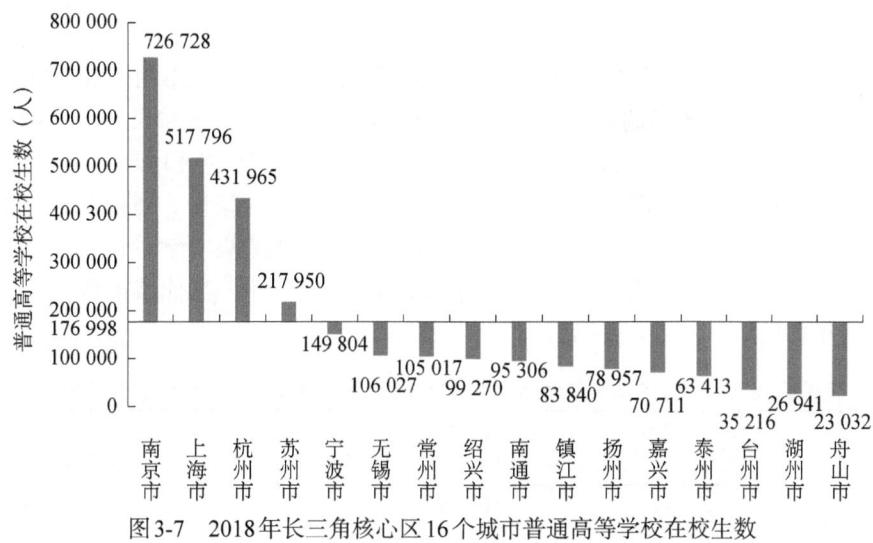

图 3-7　2018 年长三角核心区 16 个城市普通高等学校在校生数

如图 3-8 所示,从 2000 年到 2018 年,长三角核心区 16 个城市的普通高等学校在校生数整体均呈现稳定增长的趋势。其中,2000～2010 年的增长趋势最为突出。2018 年,南京市、上海市、杭州市、苏州市、宁波市和无锡市的普通高等学校在校生数位居长三角核心区前六。

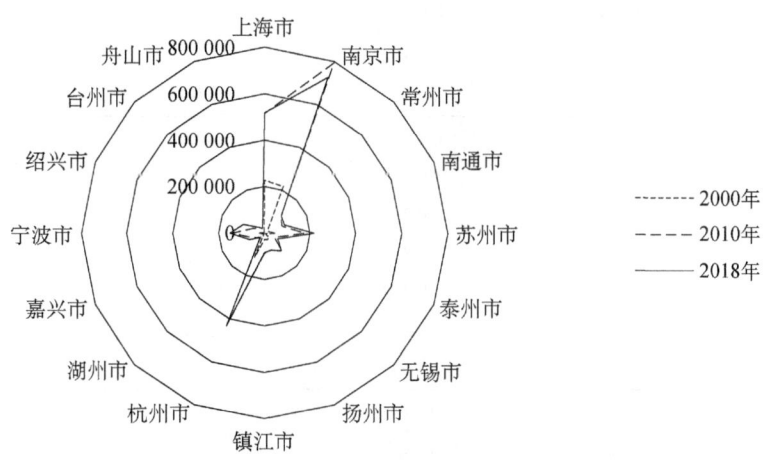

图 3-8　2000 年、2010 年和 2018 年长三角核心区 16 个城市普通高等学校在校生数变化情况
(单位:人)

3.3.2 从增速看发展

如表 3-8 所示,长三角核心区 16 个城市普通高等学校在校生数由 2000 年的 782 065 人增长至 2018 年的 2 831 973 人,增幅为 2.62 倍,年均增长率为 7.41%。其中,浙江地区普通高等学校在校生数的增长趋势最为明显,增幅和年均增长率分别为 4.10 倍和 9.47%;上海市普通高等学校在校生数增长最为缓慢,增幅和年均增长率分别为 1.28 倍和 4.69%。具体来看,仅泰州市和绍兴市普通高等学校在校生数增幅超过 10 倍,分别为 12.80 倍和 16.12 倍;浙江地区除杭州市外,其他城市普通高等学校在校生数年均增长率均超过 10%。

表 3-8 2000~2018 年长三角核心区 16 个城市普通高等学校在校生数增长情况

地区	2000 年总数（人）	2018 年总数（人）	2000~2018 年增幅（倍）	2000~2018 年年均增长率（%）
上海市	226 798	517 796	1.28	4.69
南京市	216 875	726 728	2.35	6.95
常州市	20 013	105 017	4.25	9.65
南通市	18 297	95 306	4.21	9.60
苏州市	47 701	217 950	3.57	8.81
泰州市	4 594	63 413	12.80	15.70
无锡市	25 768	106 027	3.11	8.18
扬州市	30 684	78 957	1.57	5.39
镇江市	27 190	83 840	2.08	6.46
杭州市	112 777	431 965	2.83	7.75
湖州市	3 991	26 941	5.75	11.19
嘉兴市	7 721	70 711	8.16	13.09
宁波市	25 918	149 804	4.78	10.24
绍兴市	5 800	99 270	16.12	17.09
台州市	4 125	35 216	7.54	12.65
舟山市	3 813	23 032	5.04	10.51
上海市	226 798	517 796	1.28	4.69
江苏地区	391 122	1 477 238	2.78	7.66
浙江地区	164 145	836 939	4.10	9.47
总计	782 065	2 831 973	2.62	7.41

如图3-9所示,2000~2018年,长三角核心区16个城市普通高等学校在校生数总体呈增长趋势,其中江苏地区普通高等学校在校生数增长趋势最为明显。就普通高等学校在校生数来看,江苏地区始终高于上海市和浙江地区。江苏地区普通高等学校在校生数自2009年以来增长放缓,2012年有所下降;浙江地区普通高等学校在校生数从2002年开始超过上海市,在此之后,两者的差距逐渐增大,2017年后又有所缩小。

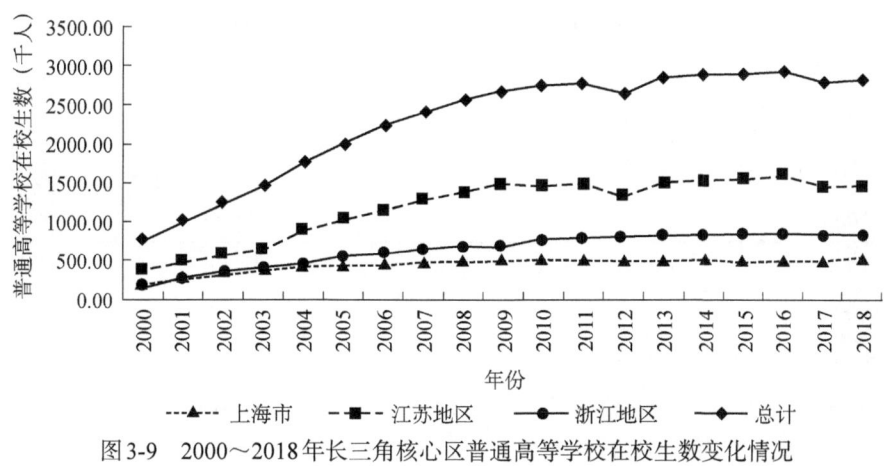

图3-9 2000~2018年长三角核心区普通高等学校在校生数变化情况

3.3.3 从构成看特征

如表3-9所示,2000年江苏地区普通高等学校在校生数占长三角核心区的比重超过50%,上海市和浙江地区普通高等学校在校生数占长三角核心区的比重分别为29.00%、20.99%。具体来看,上海市、南京市、杭州市的普通高等学校在校生数占长三角核心区的比重均超过10%,分别为29.00%、27.73%、14.42%;普通高等学校在校生数占长三角核心区的比重低于1%的城市有6个,分别为嘉兴市、绍兴市、泰州市、台州市、湖州市、舟山市。

表3-9 2000年和2018年长三角核心区16个城市普通高等学校在校生数及其占比情况

地区	2000年		2018年	
	总数(人)	占比(%)	总数(人)	占比(%)
上海市	226 798	29.00	517 796	18.28

续表

地区	2000年		2018年	
	总数（人）	占比（%）	总数（人）	占比（%）
南京市	216 875	27.73	726 728	25.66
常州市	20 013	2.56	105 017	3.71
南通市	18 297	2.34	95 306	3.37
苏州市	47 701	6.10	217 950	7.70
泰州市	4 594	0.59	63 413	2.24
无锡市	25 768	3.29	106 027	3.74
扬州市	30 684	3.92	78 957	2.79
镇江市	27 190	3.48	83 840	2.96
杭州市	112 777	14.42	431 965	15.25
湖州市	3 991	0.51	26 941	0.95
嘉兴市	7 721	0.99	70 711	2.50
宁波市	25 918	3.31	149 804	5.29
绍兴市	5 800	0.74	99 270	3.51
台州市	4 125	0.53	35 216	1.24
舟山市	3 813	0.49	23 032	0.81
上海市	226 798	29.00	517 796	18.28
江苏地区	391 122	50.01	1 477 238	52.16
浙江地区	164 145	20.99	836 939	29.55
总计	782 065	100.00	2 831 973	100.00

2018年，江苏地区和浙江地区普通高等学校在校生数占长三角核心区的比重均有所增加，分别为52.16%、29.55%。具体来看，仅湖州市和舟山市的普通高等学校在校生数占长三角核心区的比重低于1%；江苏地区各城市普通高等学校在校生数占长三角核心区的比重均超过2%；上海市普通高等学校在校生数占长三角核心区的比重出现大幅下降，降至18.28%。

3.4 每万人中普通高等学校在校生数

每万人中普通高等学校在校生数是指区域每万个居民中有多少普通高等学校在校生，衡量的是区域的普通高等教育发展规模。2000~2018年长三角核心区16个城市每万人中普通高等学校在校生数如表3-10所示。

表3-10　2000~2018年长三角核心区16个城市每万人中普通高等学校在校生数

（单位：人）

地区	2000年	2001年	2002年	2003年	2004年	2005年
上海市	172	211	249	282	307	325
南京市	398	503	617	583	842	942
常州市	59	64	85	153	212	239
南通市	23	35	45	56	66	74
苏州市	83	100	114	136	159	180
泰州市	9	12	14	21	27	40
无锡市	59	82	83	109	137	175
扬州市	68	76	90	105	117	135
镇江市	102	139	147	164	190	240
杭州市	181	258	327	420	450	497
湖州市	16	26	39	47	55	64
嘉兴市	23	35	53	56	53	64
宁波市	48	80	114	146	174	199
绍兴市	13	20	33	45	58	71
台州市	8	13	19	21	28	32
舟山市	39	49	64	63	106	139
长三角核心区	97	127	156	179	217	244
地区	2006年	2007年	2008年	2009年	2010年	2011年
上海市	341	352	362	366	365	360
南京市	1022	1102	1161	1228	1255	1270
常州市	266	287	293	349	289	288

续表

地区	2006年	2007年	2008年	2009年	2010年	2011年
南通市	85	95	109	117	108	97
苏州市	208	244	265	296	279	278
泰州市	51	69	79	87	93	94
无锡市	199	222	236	242	235	232
扬州市	152	166	171	166	169	169
镇江市	271	295	311	321	320	324
杭州市	525	545	561	577	631	644
湖州市	73	82	91	94	95	97
嘉兴市	76	90	109	115	153	166
宁波市	216	223	230	237	245	251
绍兴市	88	101	115	121	123	128
台州市	37	43	47	50	51	53
舟山市	179	215	235	231	231	236
长三角核心区	268	289	305	320	324	326

地区	2012年	2013年	2014年	2015年	2016年	2017年	2018年
上海市	355	352	352	355	355	354	354
南京市	1021	1256	1241	1244	1249	1060	1043
常州市	242	291	295	278	330	271	275
南通市	99	100	105	109	124	118	125
苏州市	297	309	317	321	323	304	310
泰州市	96	97	97	111	117	122	126
无锡市	233	236	239	240	234	229	213
扬州市	183	178	175	177	174	164	172
镇江市	303	306	309	314	322	297	309
杭州市	656	668	663	657	581	565	558
湖州市	100	102	102	122	101	99	101
嘉兴市	176	184	189	151	186	194	196
宁波市	252	257	258	266	263	261	248
绍兴市	136	176	181	189	203	218	222
台州市	53	54	55	56	57	57	58
舟山市	237	239	233	241	253	227	237
长三角核心区	309	333	334	336	337	318	319

3.4.1 从数字看态势

如图 3-10 所示，2018 年长三角核心区 16 个城市每万人中普通高等学校在校生数的平均值为 319 人。其中，高于平均值的城市有南京市、杭州市和上海市，其每万人中普通高等学校在校生数分别为 1043 人、558 人和 354 人；台州市每万人中普通高等学校在校生数最低，仅为 58 人。

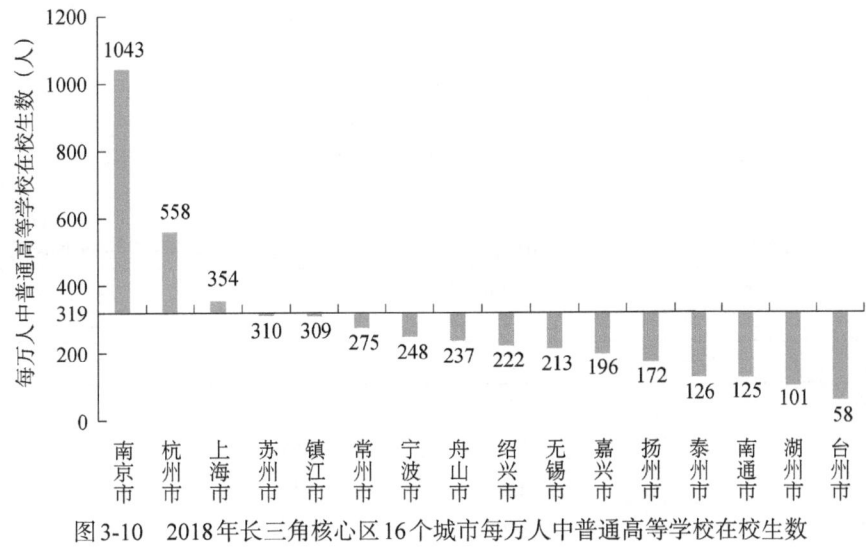

图 3-10　2018 年长三角核心区 16 个城市每万人中普通高等学校在校生数

如图 3-11 所示，2000~2018 年，长三角核心区 16 个城市每万人中普通高等学校在校生数整体有所增长，但 2010 年之后这种增长趋势放缓，部分城市出现减少趋势。2000 年、2010 年和 2018 年，每万人中普通高等学校在校生数位列前三的城市保持一致，分别为南京市、杭州市和上海市。

3.4.2 从增速看发展

如表 3-11 所示，长三角核心区 16 个城市每万人中普通高等学校在校生数从 2000 年的 97 人增长至 2018 年的 319 人，增幅为 2.29 倍，年均增长率为 6.84%。其中，绍兴市的增幅和年均增长率最高，分别为 16.08 倍和 17.08%；泰州市次之，上海市最低。

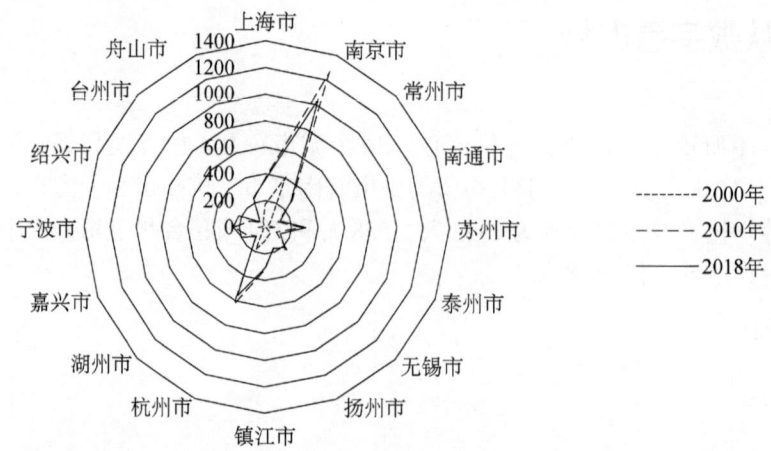

图 3-11　2000 年、2010 年和 2018 年长三角核心区 16 个城市每万人中普通高等学校在校生数变化情况（单位：人）

表 3-11　2000~2018 年长三角核心区 16 个城市每万人中普通高等学校在校生数增长情况

地区	2000年在校生数（人）	2018年在校生数（人）	2000~2018年增幅（倍）	2000~2018年年均增长率（%）
上海市	172	354	1.06	4.09
南京市	398	1043	1.62	5.50
常州市	59	275	3.66	8.93
南通市	23	125	4.43	9.86
苏州市	83	310	2.73	7.60
泰州市	9	126	13.00	15.79
无锡市	59	213	2.61	7.39
扬州市	68	172	1.53	5.29
镇江市	102	309	2.03	6.35
杭州市	181	558	2.08	6.45
湖州市	16	101	5.31	10.78
嘉兴市	23	196	7.52	12.64
宁波市	48	248	4.17	9.55
绍兴市	13	222	16.08	17.08
台州市	8	58	6.25	11.63
舟山市	39	237	5.08	10.54

3 高等学校

续表

地区	2000年在校生数（人）	2018年在校生数（人）	2000~2018年增幅（倍）	2000~2018年年均增长率（%）
上海市	172	354	1.06	4.09
江苏地区	100	345	2.45	7.12
浙江地区	58	265	3.57	8.81
长三角核心区	97	319	2.29	6.84

2000年，长三角核心区每万人中普通高等学校在校生数不足100人的城市高达12个，仅上海市、南京市、镇江市和杭州市超过100人；到了2018年，每万人中普通高等学校在校生数不足100人的城市仅有台州市。

2018年，每万人中普通高等学校在校生数排名前六的城市依次为南京市、杭州市、上海市、苏州市、镇江市和常州市，其中南京市每万人中普通高等学校在校生数超过1000人，远高于排名第二的杭州市。

分地区来看，2000~2018年浙江地区每万人中普通高等学校在校生数的增幅和年均增长率最高，分别为3.57倍和8.81%。2018年，上海市每万人中普通高等学校在校生数最多，为354人；江苏地区次之，浙江地区最低。

如图3-12所示，2000~2018年，长三角核心区每万人中普通高等学校在校生数呈现增长趋势，其中浙江地区每万人中普通高等学校在校生数的增长态势最为明显。2009年之前，各地区每万人中普通高等学校在校生数增长明显；2009年及之后，各地区每万人中普通高等学校在校生数逐渐保持稳定，部分年份略有下降。从

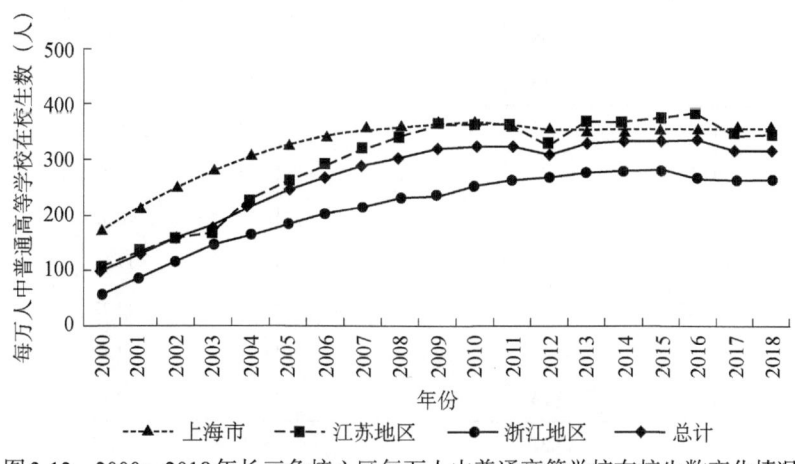

图3-12 2000~2018年长三角核心区每万人中普通高等学校在校生数变化情况

规模变化来看,浙江地区每万人中普通高等学校在校生数最低,远低于其他两地区每万人中普通高等学校在校生数;上海市每万人中普通高等学校在校生数在2009年之前高于江苏地区,但两者差距在不断减小,2009年及之后逐渐趋于一致。

3.5 普通高等学校生师比

普通高等学校生师比是普通高等学校专任教师数与在校生数的比值,是用来衡量高校办学水平的重要指标。2000~2018年,长三角核心区16个城市普通高等学校生师比如表3-12所示。

表3-12 2000~2018年长三角核心区16个城市普通高等学校生师比

地区	2000年	2001年	2002年	2003年	2004年	2005年
上海市	11.07	12.90	14.45	15.52	14.47	13.91
南京市	14.49	16.49	18.08	15.64	18.87	19.37
常州市	16.23	15.46	12.37	17.81	21.45	19.92
南通市	12.95	15.45	18.16	18.30	18.44	18.53
苏州市	15.25	16.31	17.60	18.27	17.47	15.48
泰州市	33.53	15.49	9.85	12.82	13.54	18.06
无锡市	14.68	18.60	14.36	16.75	16.48	17.56
扬州市	13.39	14.38	14.29	17.51	17.08	18.38
镇江市	13.19	14.56	14.85	14.41	15.98	17.05
杭州市	10.76	13.67	15.31	14.87	15.88	16.78
湖州市	11.98	12.83	17.53	16.65	17.42	17.40
嘉兴市	12.85	14.96	21.69	18.73	18.32	18.80
宁波市	11.28	15.74	17.61	18.96	17.12	18.41
绍兴市	8.12	8.55	12.83	13.99	15.72	15.78
台州市	10.83	11.13	15.13	14.01	14.19	15.78
舟山市	15.95	12.66	14.49	12.80	12.35	15.18
长三角核心区	12.51	14.51	15.83	15.89	16.64	16.89

续表

地区	2006年	2007年	2008年	2009年	2010年	2011年
上海市	13.77	13.67	13.65	13.45	13.16	12.90
南京市	18.12	16.68	15.75	16.02	15.86	15.81
常州市	19.04	19.86	18.76	24.27	20.54	21.25
南通市	18.02	19.03	20.97	20.27	18.88	19.10
苏州市	16.13	17.21	19.63	19.31	18.25	18.16
泰州市	17.91	19.17	19.16	19.75	18.99	18.72
无锡市	17.38	18.41	19.10	19.60	19.35	18.77
扬州市	18.38	19.13	19.07	17.90	18.32	17.00
镇江市	17.93	18.08	17.55	17.19	16.88	16.67
杭州市	16.37	15.78	15.82	15.91	17.39	17.36
湖州市	17.87	19.14	20.51	20.60	20.24	15.25
嘉兴市	19.00	19.15	20.45	19.51	20.24	20.24
宁波市	18.69	19.01	18.93	19.49	19.71	15.90
绍兴市	17.97	19.18	20.15	20.66	20.03	20.45
台州市	11.67	17.74	18.83	19.19	18.84	19.39
舟山市	20.73	22.99	23.74	22.01	21.74	22.22
长三角核心区	16.59	16.46	16.40	16.60	16.47	16.15
地区	2012年	2013年	2014年	2015年	2016年	2017年	2018年
上海市	12.63	12.53	12.49	12.31	12.17	11.84	11.61
南京市	13.78	15.37	16.87	16.94	16.94	14.43	14.04
常州市	18.75	21.22	20.65	19.28	21.06	17.67	17.53
南通市	18.88	17.33	16.38	17.02	19.21	17.97	18.82
苏州市	18.50	18.86	18.51	18.31	18.06	16.90	17.06
泰州市	17.90	17.88	17.60	18.55	18.89	19.16	19.34
无锡市	18.94	18.82	18.87	18.56	18.51	18.21	16.88
扬州市	18.50	16.51	16.58	17.06	16.83	14.40	14.43
镇江市	16.21	15.98	15.82	15.51	15.37	14.11	14.05
杭州市	17.20	17.13	16.79	16.47	14.65	14.27	14.28
湖州市	13.68	13.61	18.45	21.71	17.65	16.21	16.30
嘉兴市	18.93	21.90	21.99	22.11	27.06	22.45	22.56

续表

地区	2012年	2013年	2014年	2015年	2016年	2017年	2018年
宁波市	19.71	19.80	19.32	18.51	19.26	18.51	17.81
绍兴市	20.79	20.37	20.54	21.21	22.17	21.97	20.76
台州市	19.26	20.10	19.84	20.56	20.52	19.95	19.72
舟山市	22.97	22.00	20.78	19.19	19.22	16.88	17.09
长三角核心区	15.61	16.09	16.44	16.32	16.18	14.93	14.71

3.5.1 从数字看态势

如图3-13所示，2018年长三角核心区16个城市普通高等学校生师比平均值为14.71，扬州市、杭州市、镇江市、南京市和上海市等5个城市普通高等学校生师比低于平均值。上海市普通高等学校生师比最低，为11.61；嘉兴市普通高等学校生师比最高，为22.56。

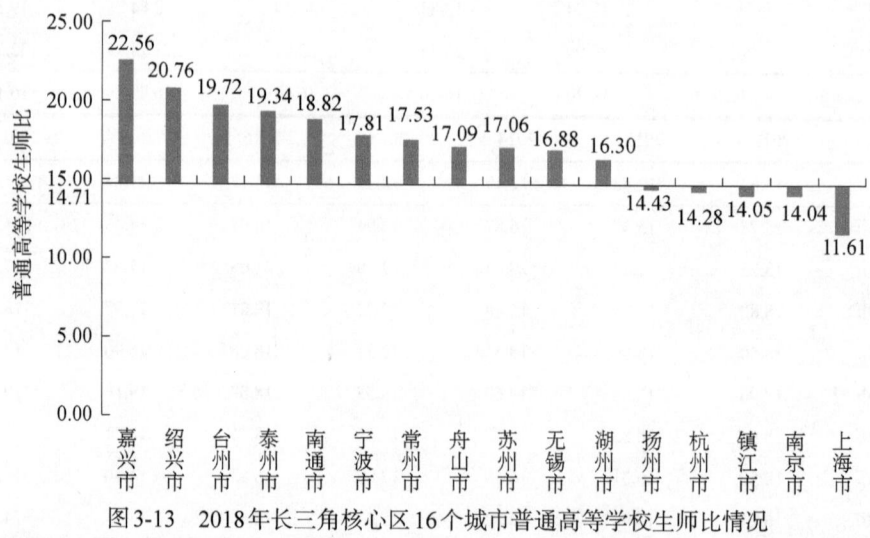

图3-13 2018年长三角核心区16个城市普通高等学校生师比情况

如图3-14所示，2000～2010年，除泰州市外，长三角核心区其他城市的普通高等学校生师比呈现出增长趋势；2010～2018年，长三角核心区大多数城市的普通高等学校生师比呈现下降态势。2018年，长三角核心区普通高等学校生师比由高向低排名前六的城市分别为嘉兴市、绍兴市、台州市、泰州市、南通市和宁波市。

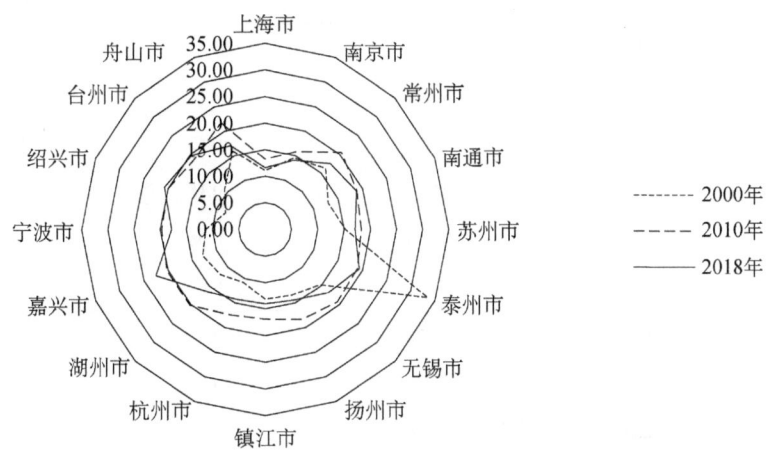

图3-14　2000年、2010年和2018年长三角核心区16个城市普通高等学校生师比变化情况

3.5.2　从增速看发展

如表3-13所示，长三角核心区2000年的普通高等学校生师比为12.51，2018年提高至14.71，增幅为0.18倍，年均增长率为0.90%。从地区来看，上海市普通高等学校生师比增幅最低，增幅和年均增长率分别为0.05倍和0.27%；浙江地区普通高等学校生师比增长最为明显，增幅和年均增长率分别为0.49倍和2.25%，远高于上海市和江苏地区。

从具体城市来看，绍兴市普通高等学校生师比的增幅和年均增长率最大，分别为1.56倍和5.35%；南京市和泰州市普通高等学校生师比出现了下降，增幅分别为-0.03倍和-0.42倍，年均增长率分别为-0.18%和-3.01%。

表3-13　2000～2018年长三角核心区16个城市普通高等学校生师比增长情况

地区	2000年生师比	2018年生师比	2000～2018年增幅（倍）	2000～2018年年均增长率（%）
上海市	11.07	11.61	0.05	0.27
南京市	14.49	14.04	-0.03	-0.18
常州市	16.23	17.53	0.08	0.43

续表

地区	2000年生师比	2018年生师比	2000~2018年增幅（倍）	2000~2018年年均增长率（%）
南通市	12.95	18.82	0.45	2.10
苏州市	15.25	17.06	0.12	0.62
泰州市	33.53	19.34	−0.42	−3.01
无锡市	14.68	16.88	0.15	0.78
扬州市	13.39	14.43	0.08	0.41
镇江市	13.19	14.05	0.07	0.35
杭州市	10.76	14.28	0.33	1.58
湖州市	11.98	16.30	0.36	1.72
嘉兴市	12.85	22.56	0.76	3.18
宁波市	11.28	17.81	0.58	2.57
绍兴市	8.12	20.76	1.56	5.35
台州市	10.83	19.72	0.82	3.39
舟山市	15.95	17.09	0.07	0.38
上海市	11.07	11.61	0.05	0.27
江苏地区	14.50	15.29	0.06	0.30
浙江地区	10.91	16.30	0.49	2.25
总计	12.51	14.71	0.18	0.90

由图3-15可知，长三角核心区普通高等学校生师比整体变化不大，较为稳定。其中，上海市普通高等学校生师比的波动较为突出，于2003年达到峰值，之后一直呈现下降趋势。2000~2018年，江苏地区和浙江地区普通高等学校生师比起伏波动明显，在2016年之后均呈现下降趋势。从地区差距来看，上海市普通高等学校生师比始终低于江苏地区和浙江地区，其与江苏地区、浙江地区的差距表现出先减小后增大的特点，而江苏地区和浙江地区间普通高等学校生师比差距相对较小。

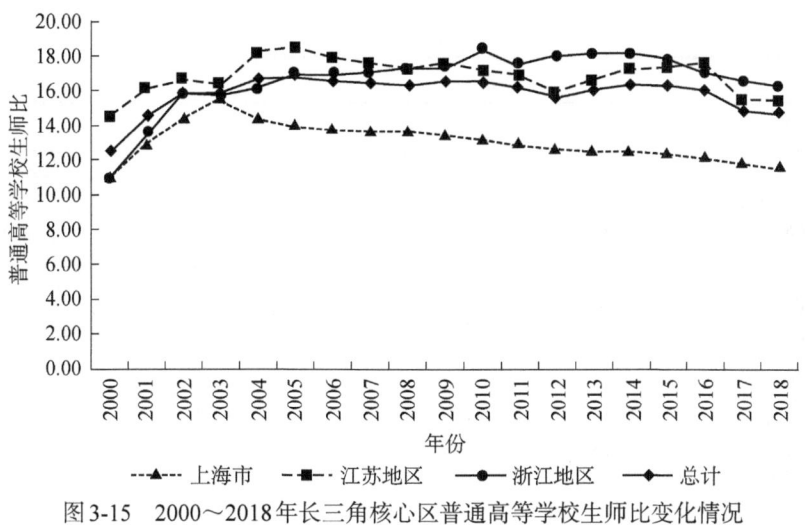

图 3-15 2000～2018 年长三角核心区普通高等学校生师比变化情况

3.6 成人高等学校数

成人高等学校是指通过国家成人高等教育招生考试，招收具有高中毕业或同等学力的人员为主要培养对象，利用函授、业余和脱产等多种形式，对其实施高等学历教育的学校。

3.6.1 从数字看态势

2000～2018年上海市、江苏省和浙江省的成人高等学校数如表3-14所示。

表3-14 2000～2018年两省一市成人高等学校数   （单位：所）

年份	上海市	江苏省	浙江省	总计
2000	37	33	23	93
2001	31	31	21	83
2002	30	29	16	75

续表

年份	上海市	江苏省	浙江省	总计
2003	27	29	15	71
2004	22	27	15	64
2005	21	26	15	62
2006	21	23	14	58
2007	21	14	11	46
2008	18	13	11	42
2009	18	12	10	40
2010	17	12	9	38
2011	17	12	9	38
2012	16	12	9	37
2013	15	9	9	33
2014	14	9	9	32
2015	14	9	9	32
2016	14	8	9	31
2017	14	8	9	31
2018	14	8	9	31

3.6.2 从增速看发展

如表3-15所示，两省一市的成人高等学校数从2000年的93所减少至2018年的31所，增幅为-0.67倍，年均增长率为-5.92%。其中，江苏省成人高等学校数增幅最低，为-0.76倍；浙江省成人高等学校数增幅最高，为-0.61倍。

表3-15　2000～2018年两省一市成人高等学校数增长情况

地区	2000年总数（所）	2018年总数（所）	2000～2018年增幅（倍）	2000～2018年年均增长率（%）
上海市	37	14	-0.62	-5.26
江苏省	33	8	-0.76	-7.57
浙江省	23	9	-0.61	-5.08
总计	93	31	-0.67	-5.92

如图3-16所示，从2000年到2018年，两省一市的成人高等学校数均出现了总体的下降态势。2000～2007年，两省一市成人高等学校数下降趋势最为明显，其中江

苏省成人高等学校数降幅最大。到了2007年以后，两省一市的成人高等学校数下降速度明显变缓，各地的成人高等学校数开始保持稳定状态。此外，2006年后，上海市的成人高等学校数明显高于江苏省与浙江省，而江苏省和浙江省的成人高等学校数则基本持平。

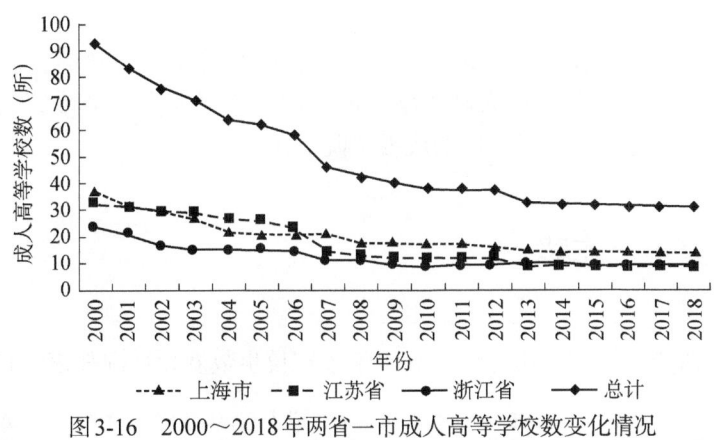

图3-16 2000～2018年两省一市成人高等学校数变化情况

3.6.3 从构成看特征

如表3-16所示，2000年上海市成人高等学校数占两省一市的比重最高，为39.78%；浙江省成人高等学校数占两省一市的比重最低，仅24.73%。到了2018年，上海市、江苏省和浙江省的成人高等学校数均有所下降，但上海市和浙江省的成人高等学校数所占两省一市的比重都在增加。其中，上海市成人高等学校数占两省一市的比重从2000年的39.78%增加至2018年的45.16%，浙江省成人高等学校数占两省一市的比重从2000年的24.73%增加至2018年的29.03%。

表3-16 2000年和2018年两省一市成人高等学校数及其占比情况

地区	2000年		2018年	
	总数（所）	占比（%）	总数（所）	占比（%）
上海市	37	39.78	14	45.16
江苏省	33	35.48	8	25.81
浙江省	23	24.73	9	29.03
总计	93	100.00	31	100.00

3.7 成人高等学校在校生数

成人高等学校在校生是指在成人高等学校接受高等学历教育的在校生,目前成人高等学校在校生可以分为成人高等学校的在校生和普通高等学校的成人(继续)教育学院(以下简称普通高等学校的成教学院)在校生。

3.7.1 从数字看态势

2000~2018年,两省一市的成人高等学校在校生数变化情况如表3-17所示。

表3-17　2000~2018年两省一市成人高等学校在校生数　（单位：人）

年份	成人高等学校			普通高等学校的成教学院			总计
	上海市	江苏省	浙江省	上海市	江苏省	浙江省	
2000	23 286	58 600	50 200	91 597	158 600	120 800	503 083
2001	22 126	37 100	55 500	116 176	232 600	168 100	631 602
2002	25 700	35 000	56 600	145 200	293 900	219 400	775 800
2003	29 400	30 500	53 700	168 600	329 200	239 800	851 200
2004	21 200	19 200	32 300	245 500	227 700	145 500	691 400
2005	20 900	19 800	28 500	126 300	240 100	184 600	620 200
2006	26 100	65 698	39 400	168 500	258 802	249 600	808 100
2007	26 600	25 579	39 800	180 200	325 024	269 400	866 603
2008	24 200	25 304	37 100	189 600	340 239	270 800	887 243
2009	21 200	23 807	27 100	192 100	347 868	242 200	854 275
2010	14 100	29 406	24 200	184 500	373 526	226 800	852 532
2011	12 100	26 208	22 699	176 500	402 098	226 000	865 605
2012	10 225	21 942	25 400	173 425	254 758	237 800	723 550
2013	9 149	15 754	27 700	174 584	382 167	248 900	858 254
2014	7 589	21 393	28 000	160 789	398 571	257 300	873 642

续表

年份	成人高等学校			普通高等学校的成教学院			总计
	上海市	江苏省	浙江省	上海市	江苏省	浙江省	
2015	6 844	20 403	27 200	157 099	413 242	247 600	872 388
2016	6 108	20 285	23 000	137 758	415 014	218 100	820 265
2017	5 856	25 243	21 200	128 678	422 594	198 400	801 971
2018	5 964	43 121	20 500	122 602	444 932	207 000	844 119

3.7.2 从增速看发展

1）成人高等学校的在校生数

如表3-18所示，两省一市成人高等学校的在校生数从2000年的132 086人减少至2018年的69 585人，增幅为-0.47倍，年均增长率为-3.50%。其中，上海市成人高等学校的在校生数降幅最为突出，从2000年的23 286人下降至2018年的5964人，增幅为-0.74倍；江苏省成人高等学校的在校生数下降趋势最为缓慢，增幅和年均增长率分别为-0.26倍和-1.69%。

表3-18　2000～2018年两省一市成人高等学校的在校生数增长情况

地区	2000年总数（人）	2018年总数（人）	2000～2018年增幅（倍）	2000～2018年年均增长率（%）
上海市	23 286	5 964	-0.74	-7.29
江苏省	58 600	43 121	-0.26	-1.69
浙江省	50 200	20 500	-0.59	-4.85
总计	132 086	69 585	-0.47	-3.50

如图3-17所示，2000～2018年，两省一市成人高等学校的在校生数变化波动较大，总体呈现下降趋势。具体来看，2010年之前，上海市、江苏省和浙江省成人高等学校的在校生数下降态势明显；2010年及之后，上海市和浙江省成人高等学校的在校生数降幅有所减缓，而2016年后江苏省成人高等学校的在校生数呈现不断增加的趋势。

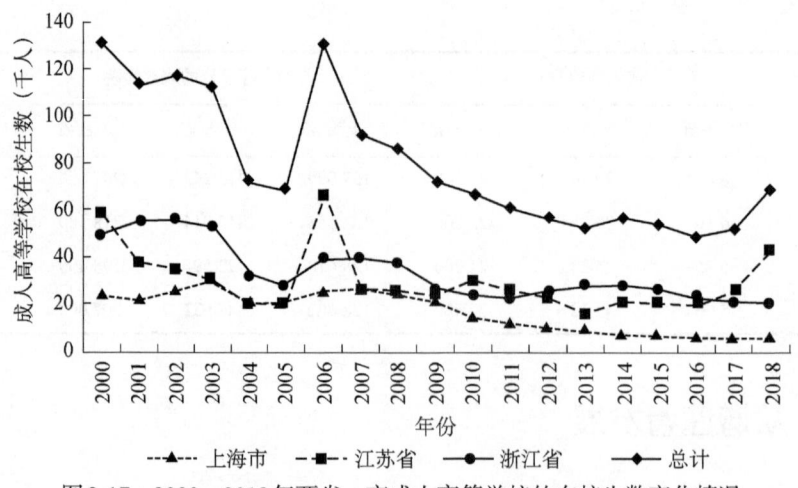

图3-17　2000~2018年两省一市成人高等学校的在校生数变化情况

2）普通高等学校的成教学院在校生数

如表3-19所示，两省一市普通高等学校的成教学院在校生数从2000年的370 979人增长至2018年的774 534人，增幅高达1.09倍，年均增长率为4.17%。其中，江苏省普通高等学校的成教学院在校生数增长态势最为明显，从2000年的158 600人增长至2018年的444 932人，增幅为1.81倍，年均增长率为5.90%；上海市普通高等学校的成教学院在校生数增长最低，增幅和年均增长率分别为0.34倍和1.63%。

表3-19　2000~2018年两省一市普通高等学校的成教学院在校生数增长情况

地区	2000年总数（人）	2018年总数（人）	2000~2018年增幅（倍）	2000~2018年年均增长率（%）
上海市	91 579	122 602	0.34	1.63
江苏省	158 600	444 932	1.81	5.90
浙江省	120 800	207 000	0.71	3.04
总计	370 979	774 534	1.09	4.17

如图3-18所示，2000~2018年，两省一市普通高等学校的成教学院在校生数总体呈现增长趋势，局部波动较大。其中，江苏省普通高等学校的成教学院在校生数波动最为突出。除个别年份外，江苏省普通高等学校的成教学院在校生数高于上海市和浙江省，并且从2013年开始，江苏省与上海市、浙江省普通高等学校的成教学院在校生数差距在不断扩大。此外，从2005年开始，浙江省普通高等学校的成教

院在校生数超过上海市，两者之间的差距开始保持一种稳定的状态。

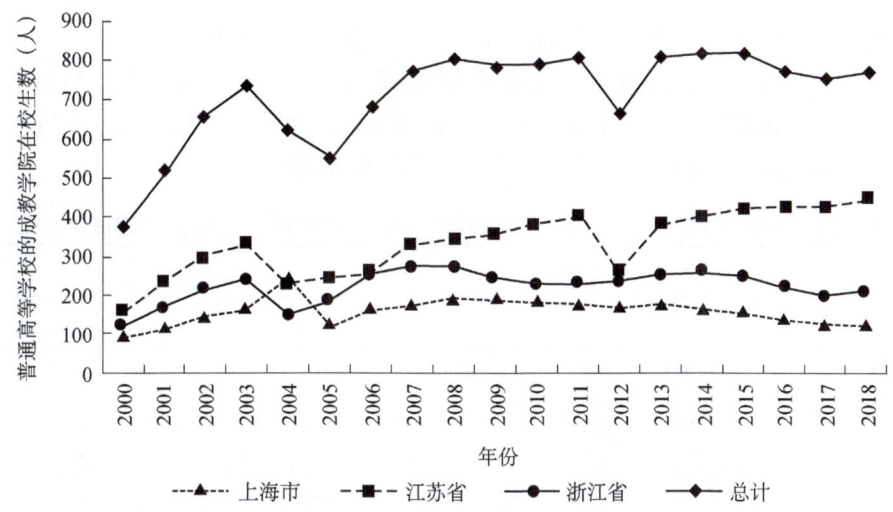

图 3-18 2000～2018年两省一市普通高等学校的成教学院在校生数变化情况

3.7.3 从构成看特征

1) 成人高等学校的在校生数

如表3-20所示，2000年江苏省成人高等学校的在校生数所占两省一市比重最高，为44.37%；上海市成人高等学校的在校生数所占两省一市比重最低，为17.63%。到了2018年，江苏省成人高等学校的在校生数所占两省一市比重进一步增加，为61.97%；上海市和浙江省成人高等学校的在校生数所占两省一市比重均有所下降，分别为8.57%和29.46%。

表 3-20 2000年和2018年两省一市成人高等学校的在校生数及其占比情况

地区	2000年		2018年	
	总数（人）	占比（%）	总数（人）	占比（%）
上海市	23 286	17.63	5 964	8.57
江苏省	58 600	44.37	43 121	61.97
浙江省	50 200	38.01	20 500	29.46
总计	132 086	100.00	69 585	100.00

2）普通高等学校的成教学院在校生数

如表3-21所示，2000年江苏省普通高等学校的成教学院在校生数所占两省一市比重最高，为42.75%；上海市普通高等学校的成教学院在校生数所占两省一市比重最低，为24.69%。到了2018年，江苏省普通高等学校的成教学院在校生数所占两省一市比重进一步增加，为57.45%；上海市和浙江省普通高等学校的成教学院在校生数所占两省一市比重均有所下降，分别为15.83%和26.73%。

表3-21 2000年和2018年两省一市普通高等学校的成教学院在校生数及其占比情况

地区	2000年		2018年	
	总数（人）	占比（%）	总数（人）	占比（%）
上海市	91 579	24.69	122 602	15.83
江苏省	158 600	42.75	444 932	57.45
浙江省	120 800	32.56	207 000	26.73
总计	370 979	100.00	774 534	100.00

3.8 每万人中成人高等学校在校生数

每万人中成人高等学校在校生数是指区域每万个居民中接受成人高等教育的在校生数，衡量的是区域内成人高等教育的发展规模。

3.8.1 从数字看态势

2000~2018年，长三角地区两省一市每万人中成人高等学校在校生数变化情况如表3-22所示。

表3-22 2000~2018年两省一市每万人中成人高等学校在校生数（单位：人）

年份	上海市	江苏省	浙江省	总计
2000	87	30	38	38

续表

年份	上海市	江苏省	浙江省	总计
2001	104	37	49	48
2002	128	44	61	58
2003	148	48	64	64
2004	197	33	39	51
2005	108	34	46	46
2006	142	42	62	59
2007	150	45	66	63
2008	154	47	66	64
2009	152	48	57	61
2010	141	51	53	61
2011	133	54	52	61
2012	129	35	55	51
2013	128	50	57	60
2014	117	53	59	61
2015	114	54	56	61
2016	99	54	49	57
2017	92	56	44	56
2018	88	61	46	58

3.8.2 从增速看发展

如表3-23所示，两省一市每万人中成人高等学校在校生数从2000年的38人增长至2018年的58人，增幅为0.53倍，年均增长率为2.38%。其中，江苏省每万人中成人高等学校在校生数增长最为突出，从2000年的30人增长至2018年的61人，增幅高达1.03倍，年均增长率为4.02%。

2000年，上海市每万人中成人高等学校在校生数最高，江苏省和浙江省每万人中成人高等学校在校生数均不足上海市的一半。到了2018年，上海市每万人中成人高等学校在校生数虽然增长有限，但仍高于江苏省和浙江省。

表3-23 2000～2018年长三角地区两省一市每万人中成人高等学校在校生数增长情况

地区	2000年总数（人）	2018年总数（人）	2000～2018年增幅（倍）	2000～2018年年均增长率（%）
上海市	87	88	0.01	0.06
江苏省	30	61	1.03	4.02
浙江省	38	46	0.21	1.07
总计	38	58	0.53	2.38

如图3-19所示，长三角地区两省一市每万人中成人高等学校在校生人数变化趋势平缓。分地区来看，上海市每万人中成人高等学校在校生数变化较为剧烈，而江苏省与浙江省每万人中成人高等学校在校生数的变化则相对缓和。就具体规模来看，上海市每万人中成人高等学校在校生数始终高于江苏省和浙江省。

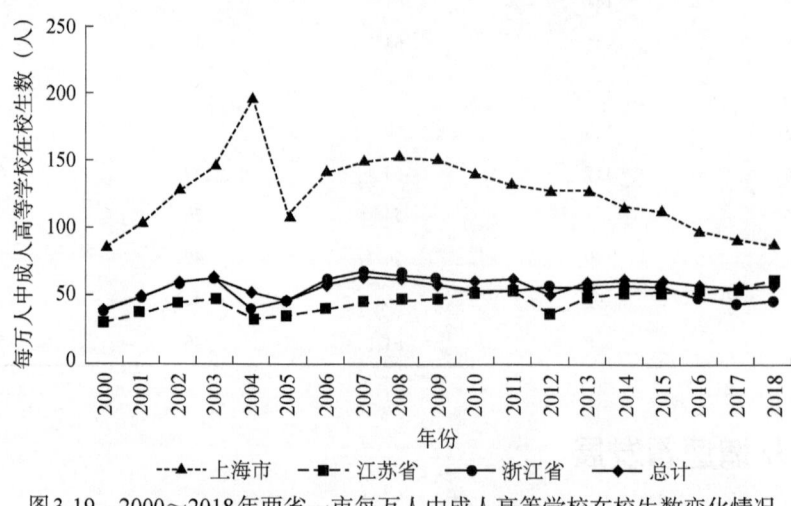

图3-19 2000～2018年两省一市每万人中成人高等学校在校生数变化情况

4 中等职业学校

中等职业学校是指经政府有关部门依法批准设立，实施全日制中等学历教育的各类职业学校，包括普通中专、职业中学、成人中专和技工学校等，招生对象是初中毕业或具有同等学力的人员。本章主要通过四个指标来分析中等职业教育的发展情况，即中等职业学校数、中等职业学校专任教师数、中等职业学校在校生数和中等职业学校生师比。

4.1 中等职业学校数

表4-1显示了2011～2018年长三角核心区16个城市中等职业学校数。

表4-1 2011～2018年长三角核心区16个城市中等职业学校数

（单位：所）

城市	2011年	2012年	2013年	2014年	2015年	2016年	2017年	2018年
上海市	102	98	90	89	98	84	94	80
南京市	62	60	58	57	54	53	49	50
常州市	22	19	20	20	19	19	19	19
南通市	30	29	27	25	31	25	26	25
苏州市	45	44	40	40	39	37	36	37
泰州市	12	12	12	15	15	15	13	14
无锡市	40	42	41	38	37	36	38	33
扬州市	28	28	28	27	28	28	27	24
镇江市	22	18	18	18	16	16	16	16
杭州市	59	58	57	63	63	62	59	41
湖州市	15	12	12	12	12	12	12	12
嘉兴市	26	25	21	19	19	18	17	21
宁波市	57	55	55	52	50	42	39	38
绍兴市	24	23	21	20	20	20	20	19
台州市	55	52	40	37	37	32	30	30
舟山市	7	7	7	7	5	4	4	4
总计	606	582	547	539	543	503	499	463

4.1.1 从数字看态势

由图4-1可知，2018年，长三角核心区16个城市中等职业学校数的平均值为29所，上海市、南京市、杭州市、宁波市、苏州市、无锡市和台州市等7个城市中等职业学校数高于平均值。台州市和南通市与平均值的差异最小，上海市和舟山市偏离平均值最大。上海市中等职业学校数最多，为80所；舟山市中等职业学校数最少，为4所。

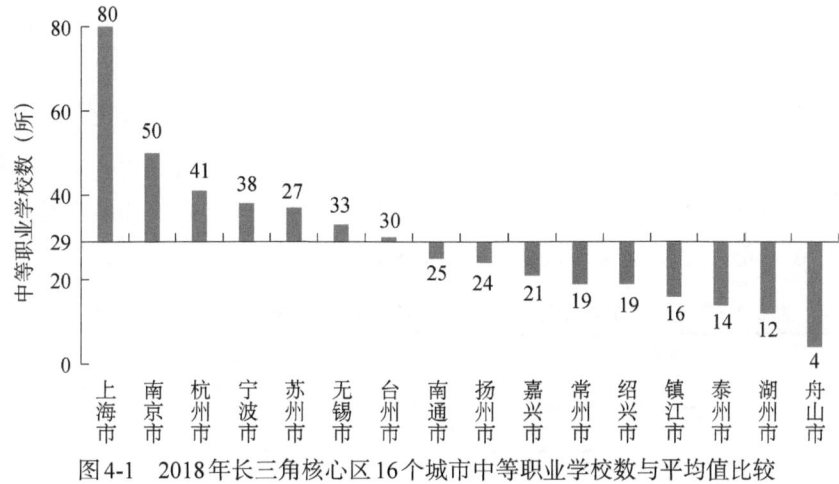

图4-1　2018年长三角核心区16个城市中等职业学校数与平均值比较

如图4-2所示，长三角核心区16个城市中等职业学校数整体呈现出减少的趋势。2018年，上海市、南京市、杭州市、宁波市和苏州市中等职业学校数位列长三角核心区16个城市前五。台州市、上海市、宁波市和杭州市4个城市中等职业学校数的降幅最大。

4.1.2 从增速看发展

如表4-2所示，长三角核心区16个城市的中等职业学校数由2011年的606所下降至2018年的463所，增幅为-0.24倍，年均增长率为-3.77%。除泰州市外，长三角核心区其他城市的中等职业学校数均为负增长，负增长的城市中台州市的中等职业学

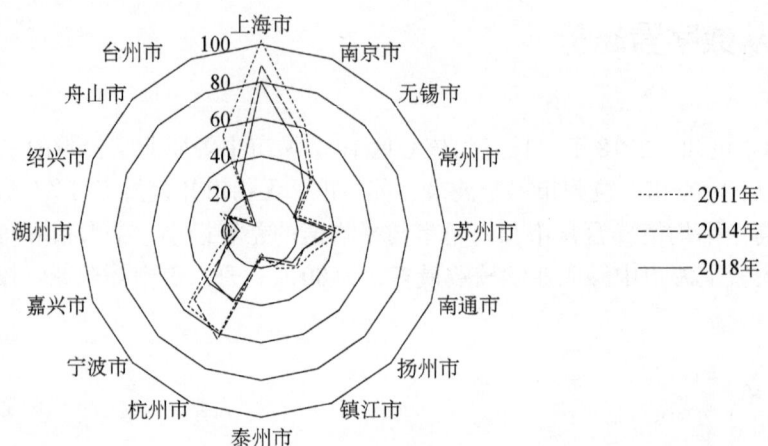

图4-2　2011年、2014年和2018年长三角核心区16个城市中等职业学校数变化情况（单位：所）

校数量增幅最小，为-0.45倍，年均增长率最小，为-8.29%；常州市的增幅最大，为-0.14倍，年均增长率最大，为-2.07%。整体来看，浙江地区中等职业学校数的增幅最小，为-0.32倍，年均增长率最小，为-5.38%。

表4-2　2011~2018年长三角核心区16个城市中等职业学校数增长情况

地区	2011年总数（所）	2018年总数（所）	2011~2018年增幅（倍）	2011~2018年年均增长率（%）
上海市	102	80	-0.22	-3.41
南京市	62	50	-0.19	-3.03
无锡市	40	33	-0.18	-2.71
常州市	22	19	-0.14	-2.07
苏州市	45	37	-0.18	-2.76
南通市	30	25	-0.17	-2.57
扬州市	28	24	-0.14	-2.18
镇江市	22	16	-0.27	-4.45
泰州市	12	14	0.17	2.23
杭州市	59	41	-0.31	-5.07
宁波市	57	38	-0.33	-5.63
嘉兴市	26	21	-0.19	-3
湖州市	15	12	-0.20	-3.14
绍兴市	24	19	-0.21	-3.28

续表

地区	2011年总数（所）	2018年总数（所）	2011~2018年增幅（倍）	2011~2018年年均增长率（%）
舟山市	7	4	-0.43	-7.68
台州市	55	30	-0.45	-8.29
上海市	102	80	-0.22	-3.41
江苏地区	261	218	-0.16	-2.54
浙江地区	243	165	-0.32	-5.38
总计	606	463	-0.24	-3.77

如图4-3所示，2011~2018年，长三角核心区中等职业学校数的总年均增长率为-3.77%，其中镇江市、杭州市、宁波市、舟山市和台州市等5个城市中等职业学校数的年均增长率低于总年均增长率。上海市和绍兴市与总年均增长率的差异最小；台州市和舟山市与总年均增长率的差异最大；泰州市中等职业学校数的年均增长率最大，为2.23%；台州市的年均增长率最小，为-8.29%。

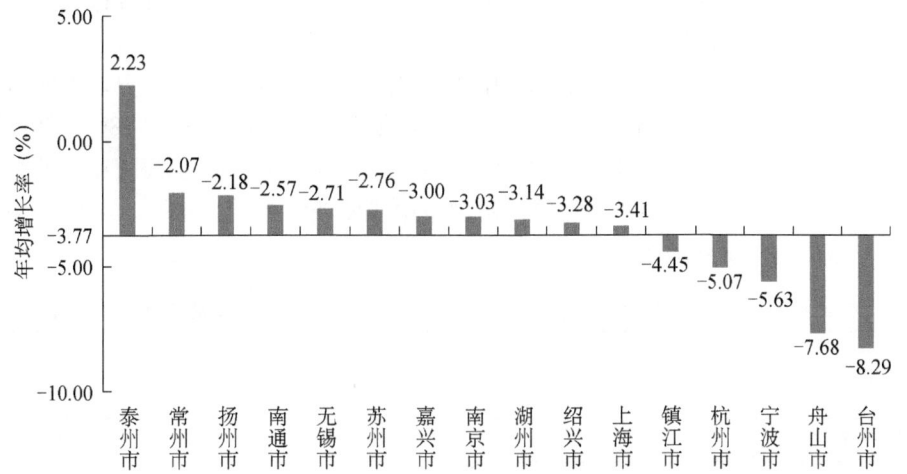

图4-3　2011~2018年长三角核心区16个城市中等职业学校数年均增长率与总年均增长率比较

如图4-4所示，2011~2018年，长三角核心区及上海市、江苏地区、浙江地区中等职业学校数总体均处于缓慢下降的状态，三个地区中江苏地区的中等职业学校数一直稳居第一位，浙江地区和江苏地区的差距有逐渐扩大的趋势。

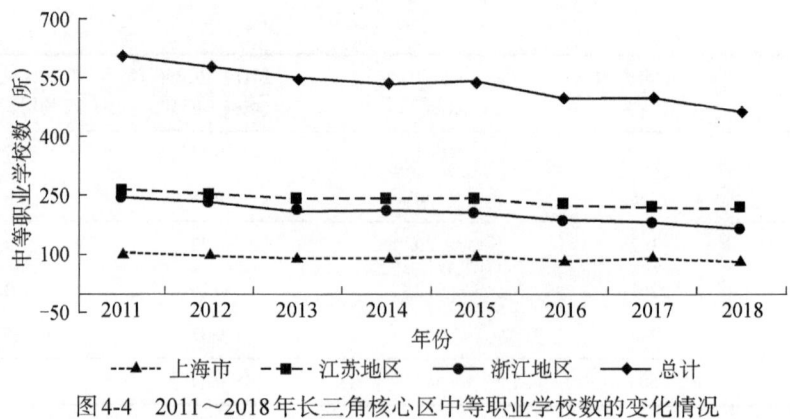

图4-4　2011~2018年长三角核心区中等职业学校数的变化情况

4.1.3　从构成看特征

如表4-3所示，2011年，长三角核心区16个城市中等职业学校数为606所。其中，江苏地区中等职业学校数所占比例最高，为43.07%；上海市所占长三角核心区比例最低，仅为16.83%。

2018年，长三角核心区16个城市中等职业学校数为463所。其中，上海市中等职业学校数为80所，所占长三角核心区中等职业学校数的比例为17.28%；江苏地区为218所，占比为47.08%；浙江地区为165所，占比为35.64%。上海市中等职业学校数为80所，在16个城市中列第一位；舟山市中等职业学校数为4所，在16个城市中列最后一位，占比为0.86%。

表4-3　2011年和2018年长三角核心区16个城市中等职业学校数及其占比情况

地区	2011年		2018年	
	总数（所）	占比（%）	总数（所）	占比（%）
上海市	102	16.83	80	17.28
南京市	62	10.23	50	10.80
无锡市	40	6.60	33	7.13
常州市	22	3.63	19	4.10
苏州市	45	7.43	37	7.99
南通市	30	4.95	25	5.40

续表

地区	2011年		2018年	
	总数（所）	占比（%）	总数（所）	占比（%）
扬州市	28	4.62	24	5.18
镇江市	22	3.63	16	3.46
泰州市	12	1.98	14	3.02
杭州市	59	9.74	41	8.86
宁波市	57	9.41	38	8.21
嘉兴市	26	4.29	21	4.54
湖州市	15	2.48	12	2.59
绍兴市	24	3.96	19	4.10
舟山市	7	1.16	4	0.86
台州市	55	9.08	30	6.48
上海市	102	16.83	80	17.28
江苏地区	261	43.07	218	47.08
浙江地区	243	40.10	165	35.64
总计	606	100.00	463	100.00

4.2　中等职业学校专任教师数

中等职业学校专任教师指具有教师资格、专门从事中等职业学校教学工作的人员。2011～2018年，长三角核心区16个城市中等职业学校专任教师数如表4-4所示。

表4-4　2011～2018年长三角核心区16个城市中等职业学校专任教师数

（单位：人）

城市	2011年	2012年	2013年	2014年	2015年	2016年	2017年	2018年
上海市	8 448	8 332	8 141	8 186	8 337	8 058	8 125	8 083
南京市	6 544	7 216	7 248	6 359	7 169	6 922	6 434	6 268

续表

城市	2011年	2012年	2013年	2014年	2015年	2016年	2017年	2018年
无锡市	6 285	5 954	5 920	5 824	6 207	6 663	6 315	6 590
常州市	3 259	3 282	3 594	3 744	4 395	4 017	4 311	3 729
苏州市	6 047	6 140	6 298	6 366	6 364	6 440	6 339	6 427
南通市	5 538	5 017	4 784	4 495	4 605	4 727	4 705	4 725
扬州市	3 656	3 772	3 840	3 728	3 836	3 973	3 578	3 563
镇江市	2 244	2 275	2 165	2 063	2 158	2 527	2 289	2 262
泰州市	1 986	1 976	2 067	2 126	2 078	1 856	1 781	1 739
杭州市	5 305	5 586	5 869	6 339	6 715	6 462	6 339	4 957
宁波市	5 283	5 519	5 714	5 647	5 666	5 399	5 307	5 283
嘉兴市	2 547	2 671	2 748	2 820	2 903	3 149	3 035	3 568
湖州市	1 648	1 861	1 968	2 093	2 184	2 087	2 109	2 077
绍兴市	2 619	2 699	2 760	2 772	2 868	2 988	3 086	3 148
舟山市	554	523	547	569	549	565	583	590
台州市	3 994	4 091	3 953	3 601	4 307	4 629	4 723	4 753
总计	65 957	66 914	67 616	66 732	70 341	70 462	69 059	67 762

4.2.1 从数字看态势

由图4-5可知，2018年，长三角核心区16个城市中等职业学校专任教师数的平均值为4235人，上海市、无锡市、苏州市、南京市、宁波市、杭州市、台州市和南通市等8个城市的中等职业学校专任教师数高于平均值。常州市和南通市与平均值的差异最小，上海市和舟山市与平均值的差异最大。上海市中等职业学校专任教师数最多，为8083人；舟山市中等职业学校专任教师数最少，仅为590人。

如图4-6所示，长三角核心区大部分城市的中等职业学校专任教师数基本处于稳定状态，变化幅度较小。嘉兴市、南通市和台州市中等职业学校专任教师数变化幅度较大。

4 中等职业学校

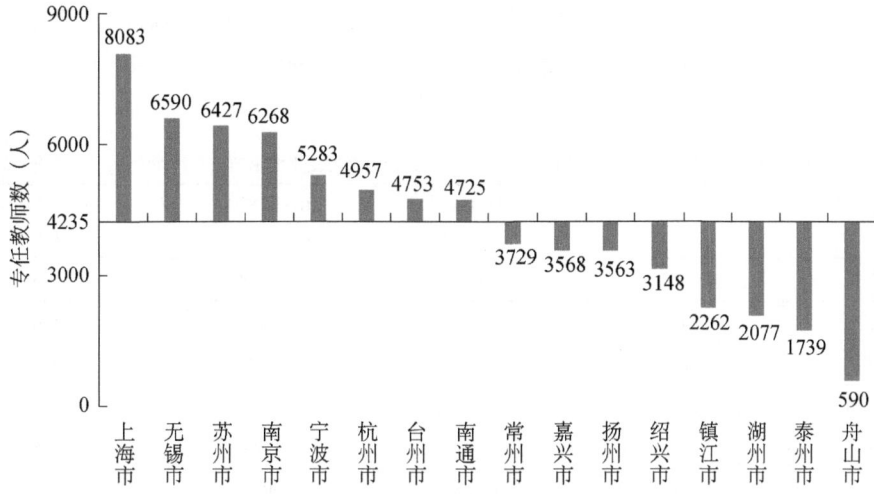

图4-5　2018年长三角核心区16个城市中等职业学校专任教师数与平均值比较

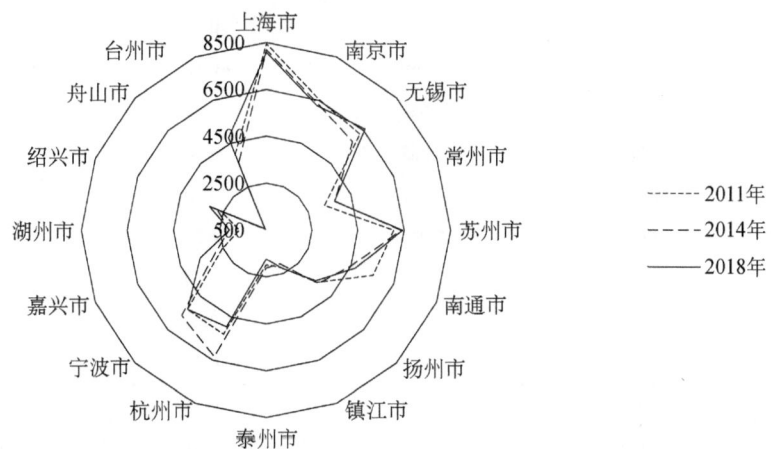

图4-6　2011年、2014年和2018年长三角核心区16个城市中等职业学校专任教师数变化情况
（单位：人）

4.2.2　从增速看发展

如表4-5所示，2011~2018年，长三角核心区16个城市中等职业学校专任教师数由65 957人增长至67 762人，增幅为0.03倍，年均增长率为0.39%。上海市、南京

市、南通市、扬州市、泰州市和杭州市的中等职业学校专任教师数出现负增长。其中，南通市的中等职业学校专任教师数增幅最小，为-0.15倍，年均增长率最小，为-2.24%；嘉兴市的增幅最大，为0.40倍，年均增长率最大，为4.93%。

表4-5　2011~2018年长三角核心区16个城市中等职业学校专任教师数增长情况

地区	2011年总数（人）	2018年总数（人）	2011~2018年增幅（倍）	2011~2018年年均增长率（%）
上海市	8 448	8 083	-0.04	-0.63
南京市	6 544	6 268	-0.04	-0.61
无锡市	6 285	6 590	0.05	0.68
常州市	3 259	3 729	0.14	1.94
苏州市	6 047	6 427	0.06	0.87
南通市	5 538	4 725	-0.15	-2.24
扬州市	3 656	3 563	-0.03	-0.37
镇江市	2 244	2 262	0.01	0.11
泰州市	1 986	1 739	-0.12	-1.88
杭州市	5 305	4 957	-0.07	-0.96
宁波市	5 283	5 283	0.00	0
嘉兴市	2 547	3 568	0.40	4.93
湖州市	1 648	2 077	0.26	3.36
绍兴市	2 619	3 148	0.20	2.66
舟山市	554	590	0.06	0.9
台州市	3 994	4 753	0.19	2.52
上海市	8 448	8 083	-0.04	-0.63
江苏地区	35 559	35 303	-0.01	-0.1
浙江地区	21 950	24 376	0.11	1.51
总计	65 957	67 762	0.03	0.39

由图4-7可知，2011~2018年，长三角核心区16个城市中等职业学校专任教师数的总年均增长率为0.39%，嘉兴市、湖州市、绍兴市、台州市、常州市、舟山市、苏州市和无锡市等8个城市中等职业学校专任教师数的年均增长率高于总年均增长率。无锡市和镇江市与总年均增长率的差异最小，嘉兴市和南通市与总年均增长率的差异最大。嘉兴市中等职业学校专任教师数的年均增长率最大，为4.93%；南通市的年

均增长率最小，为-2.24%。

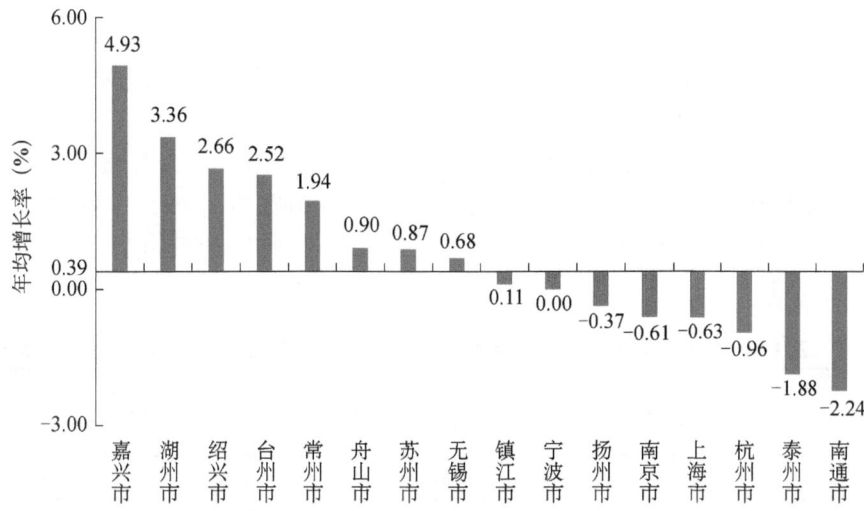

图4-7　2011～2018年长三角核心区16个城市中等职业学校专任教师数年均增长率与总年均增长率比较

由图4-8可知，2011～2018年长三角核心区中等职业学校专任教师总数总体上呈现出缓慢上升的趋势。上海市和江苏地区的中等职业学校专任教师数量基本稳定，变动的幅度较小，浙江地区中等职业学校专任教师数呈现出缓慢上升的趋势。江苏地区中等职业学校专任教师数始终高于上海市和浙江地区。

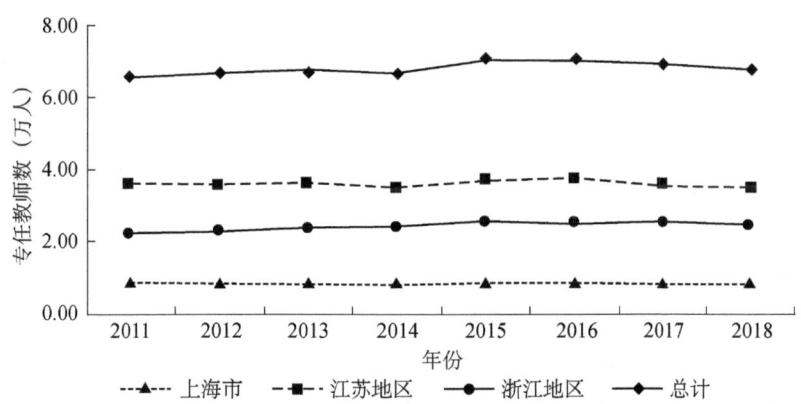

图4-8　2011～2018年长三角核心区中等职业学校专任教师数变化情况

4.2.3 从构成看特征

2018年,长三角核心区16个城市中等职业学校专任教师数为67 762人。其中上海市中等职业学校专任教师数为8083人,占比为11.93%;江苏地区中等职业学校专任教师数为35 303人,占比为52.10%;浙江地区中等职业学校专任教师数为24 376人,占比为35.97%。上海市中等职业学校专任教师数在16个城市中列第一位;舟山市中等职业学校专任教师数为590人,在16个城市中列最后一位,占比为0.87%(表4-6)。

表4-6　2011年和2018年长三角核心区16个城市中等职业学校专任教师数及其占比情况

地区	2011年		2018年	
	总数（人）	占比（%）	总数（人）	占比（%）
上海市	8 448	12.81	8 083	11.93
南京市	6 544	9.92	6 268	9.25
无锡市	6 285	9.53	6 590	9.73
常州市	3 259	4.94	3 729	5.50
苏州市	6 047	9.17	6 427	9.48
南通市	5 538	8.40	4 725	6.97
扬州市	3 656	5.54	3 563	5.26
镇江市	2 244	3.40	2 262	3.34
泰州市	1 986	3.01	1 739	2.57
杭州市	5 305	8.04	4 957	7.32
宁波市	5 283	8.01	5 283	7.80
嘉兴市	2 547	3.86	3 568	5.27
湖州市	1 648	2.50	2 077	3.07
绍兴市	2 619	3.97	3 148	4.65
舟山市	554	0.84	590	0.87
台州市	3 994	6.06	4 753	7.01
上海市	8 448	12.81	8 083	11.93
江苏地区	35 559	53.91	35 303	52.10
浙江地区	21 950	33.28	24 376	35.97
总计	65 957	100.00	67 762	100.00

4.3 中等职业学校在校生数

中等职业学校在校生数这一指标可以反映该地区中等职业教育办学规模的大小。2011~2018年，长三角核心区16个城市中等职业学校在校生数如表4-7所示。

表4-7 2011~2018年长三角核心区16个城市中等职业学校在校生数

（单位：人）

城市	2011年	2012年	2013年	2014年	2015年	2016年	2017年	2018年
上海市	147 829	144 065	132 681	112 379	119 701	95 235	106 110	102 575
南京市	138 275	131 892	126 565	118 661	119 387	119 863	121 973	112 076
无锡市	99 437	82 663	76 051	70 585	66 932	66 116	66 929	66 644
常州市	69 046	66 962	64 861	61 848	63 128	62 682	63 748	60 636
苏州市	100 780	91 950	83 005	81 779	82 970	84 738	84 922	85 261
南通市	99 997	93 731	86 882	76 523	80 189	71 349	69 371	64 743
扬州市	83 700	89 293	79 211	69 011	69 972	61 807	64 166	62 199
镇江市	40 830	37 891	34 560	30 998	31 154	30 289	30 789	31 853
泰州市	43 245	39 182	38 490	33 383	30 238	31 236	30 432	30 156
杭州市	105 182	100 515	100 482	112 119	106 776	107 735	103 724	75 934
宁波市	82 783	80 294	78 345	69 268	69 026	65 725	67 880	66 000
嘉兴市	61 339	59 968	56 020	51 027	48 861	48 224	48 939	48 904
湖州市	34 299	33 590	33 361	32 341	31 893	28 349	28 732	28 306
绍兴市	69 287	64 422	60 672	53 624	51 516	49 763	49 300	47 581
舟山市	8 703	8 598	8 497	8 045	7 721	7 897	7 964	6 884
台州市	90 074	82 928	82 808	63 905	73 779	79 843	81 935	86 024
总计	1 274 806	1 207 944	1 142 491	1 045 496	1 053 243	1 010 851	1 026 914	975 776

4.3.1 从数字看态势

由图4-9可知，2018年，长三角核心区16个城市中等职业学校在校生数的平均值为60 986人，南京市、上海市、台州市、苏州市、杭州市、无锡市、宁波市、南通市和扬州市等9个城市中等职业学校在校生数高于平均值。扬州市和常州市与平均值的差异最小，南京市和舟山市与平均值的差异最大。南京市中等职业学校在校生数最多，为112 076人；舟山市中等职业学校在校生数最少，为6884人。

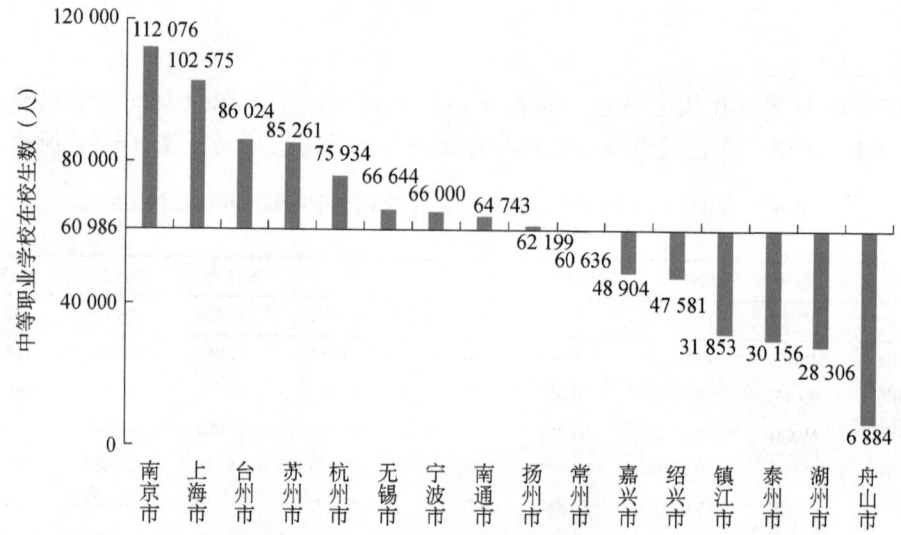

图4-9　2018年长三角核心区16个城市中等职业学校在校生数与平均值比较

如图4-10所示，长三角核心区16个城市中等职业学校在校生数均处于缓慢减少的状态，其中上海市、南通市和无锡市3个城市中等职业学校在校生数变化幅度最大。

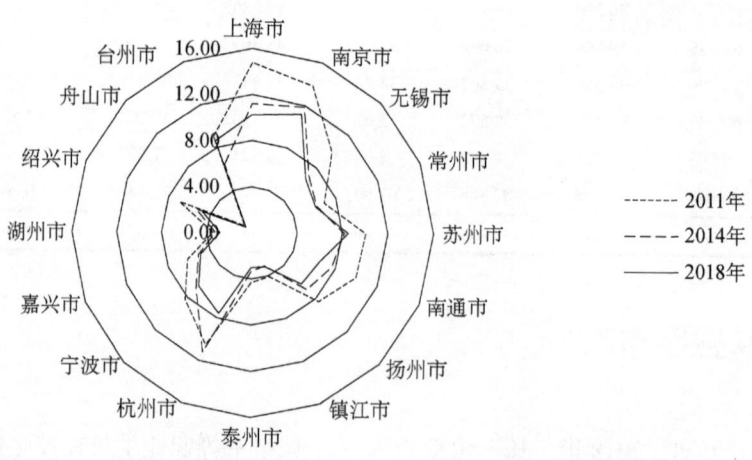

图4-10　2011年、2014年和2018年长三角核心区16个城市中等职业学校在校生数变化情况
（单位：万人）

4.3.2 从增速看发展

如表4-8所示，2011～2018年，长三角核心区16个城市中等职业学校在校生数由1 274 806人减少至975 776人，增幅为-0.23倍，年均增长率为-3.75%。长三角核心区16个城市中等职业学校在校生数均为负增长。其中，南通市中等职业学校在校生数增幅最小，为-0.35倍，年均增长率最小，为-6.02%；台州市的增幅最大，为-0.04，年均增长率最大，为-0.66%。

表4-8 2011～2018年长三角核心区16个城市中等职业学校在校生数增长情况

地区	2011年总数（人）	2018年总数（人）	2011～2018年增幅（倍）	2011～2018年年均增长率（%）
上海市	147 829	102 575	-0.31	-5.09
南京市	138 275	112 076	-0.19	-2.96
无锡市	99 437	66 644	-0.33	-5.56
常州市	69 046	60 636	-0.12	-1.84
苏州市	100 780	85 261	-0.15	-2.36
南通市	99 997	64 743	-0.35	-6.02
扬州市	83 700	62 199	-0.26	-4.15
镇江市	40 830	31 853	-0.22	-3.48
泰州市	43 245	30 156	-0.30	-5.02
杭州市	105 182	75 934	-0.28	-4.55
宁波市	82 783	66 000	-0.20	-3.18
嘉兴市	61 339	48 904	-0.20	-3.18
湖州市	34 299	28 306	-0.17	-2.71
绍兴市	69 287	47 581	-0.31	-5.23
舟山市	8 703	6 884	-0.21	-3.29
台州市	90 074	86 024	-0.04	-0.66
上海市	147 829	102 575	-0.31	-5.09
江苏地区	675 310	513 568	-0.24	-3.84
浙江地区	451 667	359 633	-0.20	-3.20
总计	1 274 806	975 776	-0.23	-3.75

由图 4-11 可知，2011～2018 年，长三角核心区中等职业学校在校生数的总年均增长率为-3.75%，台州市、常州市、苏州市、湖州市、南京市、嘉兴市、宁波市、舟山市和镇江市等 9 个城市中等职业学校在校生数的年均增长率高于总年均增长率。镇江市和扬州市与总年均增长率的差异最小，台州市和南通市与总年均增长率的差异最大。台州市的年均增长率最大，为-0.66%；南通市的年均增长率最小，为-6.02%。

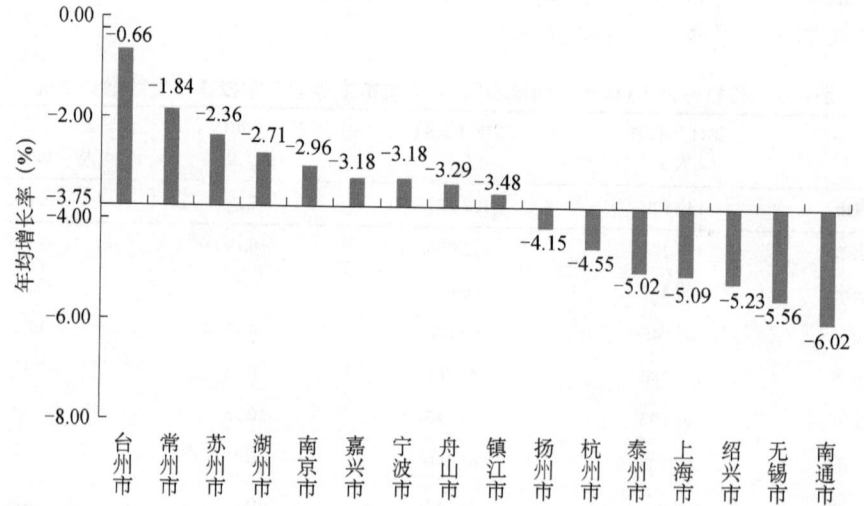

图 4-11　2011～2018 年长三角核心区 16 个城市中等职业学校在校生数年均增长率与总年均增长率比较

如图 4-12 所示，2011～2018 年长三角核心区中等职业学校在校生数总体上呈缓慢下降趋势。其中，上海市和浙江地区的中等职业学校在校生数基本稳定，变动的幅度较小，2011～2014 年江苏地区中等职业学校在校生数缓慢下降，之后逐渐趋于稳定。

4.3.3　从构成看特征

2018 年，长三角核心区 16 个城市中等职业学校在校生数为 975 776 人。其中，上海市中等职业学校在校生数为 102 575 人，占比为 10.51%；江苏地区中等职业学校在校生数为 513 568 人，占比为 52.63%；浙江地区中等职业学校在校生数为 359 633 人，

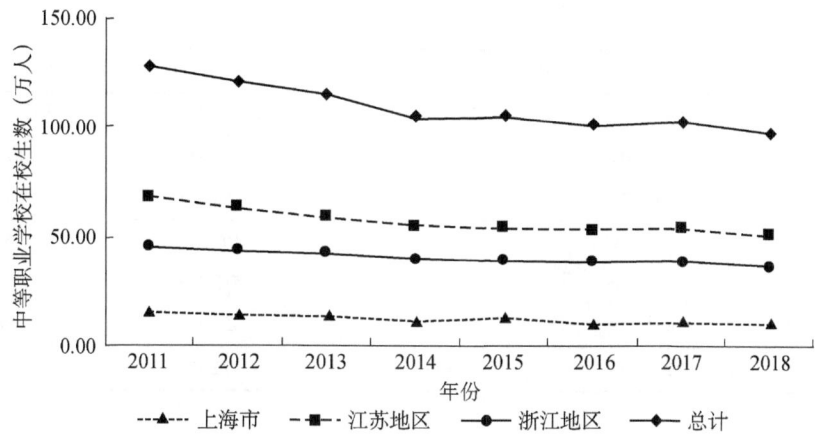

图4-12　2011～2018年长三角核心区中等职业学校在校生数变化情况

占比为36.86%。南京市中等职业学校在校生数为112 076人，在16个城市中列第一位，占比为11.49%；舟山市中等职业学校在校生数为6884人，在16个城市中列最后一位，占比为0.71%（表4-9）。

表4-9　2011年和2018年长三角核心区16个城市中等职业学校在校生数及其占比情况

地区	2011年		2018年	
	总数（人）	占比（%）	总数（人）	占比（%）
上海市	147 829	11.60	102 575	10.51
南京市	138 275	10.85	112 076	11.49
无锡市	99 437	7.80	66 644	6.83
常州市	69 046	5.42	60 636	6.21
苏州市	100 780	7.91	85 261	8.74
南通市	99 997	7.84	64 743	6.64
扬州市	83 700	6.57	62 199	6.37
镇江市	40 830	3.20	31 853	3.26
泰州市	43 245	3.39	30 156	3.09
杭州市	105 182	8.25	75 934	7.78
宁波市	82 783	6.49	66 000	6.76
嘉兴市	61 339	4.81	48 904	5.01
湖州市	34 299	2.69	28 306	2.90
绍兴市	69 287	5.44	47 581	4.88

续表

地区	2011年		2018年	
	总数（人）	占比（%）	总数（人）	占比（%）
舟山市	8 703	0.68	6 884	0.71
台州市	90 074	7.07	86 024	8.82
上海市	147 829	11.60	102 575	10.51
江苏地区	675 310	52.97	513 568	52.63
浙江地区	451 667	35.43	359 633	36.86
总计	1 274 806	100.00	975 776	100.00

4.4 中等职业学校生师比

中等职业学校生师比是中等职业学校在校生数与专任教师数的比值，是衡量中等职业学校办学水平的重要指标。2011~2018年，长三角核心区16个城市中等职业学校生师比如表4-10所示。

表4-10 2011~2018年长三角核心区16个城市中等职业学校生师比

地区	2011年	2012年	2013年	2014年	2015年	2016年	2017年	2018年
上海市	17.50	17.29	16.30	13.73	14.36	11.82	13.06	12.69
南京市	21.13	18.28	17.46	18.66	16.65	17.32	18.96	17.88
无锡市	15.82	13.88	12.85	12.12	10.78	9.92	10.60	10.11
常州市	21.19	20.40	18.05	16.52	14.36	15.60	14.79	16.26
苏州市	16.67	14.98	13.18	12.85	13.04	13.16	13.40	13.27
南通市	18.06	18.68	18.16	17.02	17.41	15.09	14.74	13.70
扬州市	22.89	23.67	20.63	18.51	18.24	15.56	17.93	17.46
镇江市	18.20	16.66	15.96	15.03	14.44	11.99	13.45	14.08
泰州市	21.77	19.83	18.62	15.70	14.55	16.83	17.09	17.34
杭州市	19.83	17.99	17.12	17.69	15.90	16.67	16.36	15.32
宁波市	15.67	14.55	13.71	12.27	12.18	12.17	12.79	12.49
嘉兴市	24.08	22.45	20.39	18.09	16.83	15.31	16.12	13.71

续表

地区	2011年	2012年	2013年	2014年	2015年	2016年	2017年	2018年
湖州市	20.81	18.05	16.95	15.45	14.60	13.58	13.62	13.63
绍兴市	26.46	23.87	21.98	19.34	17.96	16.65	15.98	15.11
舟山市	15.71	16.44	15.53	14.14	14.06	13.98	13.66	11.67
台州市	22.55	20.27	20.95	17.75	17.13	17.25	17.35	18.10
长三角核心区	19.33	18.05	16.90	15.67	14.97	14.35	14.87	14.40

4.4.1 从数字看态势

如图4-13所示，2018年，长三角核心区16个城市的中等职业学校生师比平均值为14.40。无锡市、舟山市、宁波市、上海市、苏州市、湖州市、南通市、嘉兴市和镇江市等9个城市的中等职业学校生师比低于平均值。嘉兴市和镇江市与平均值的差异最小，台州市和无锡市与平均值的差异最大。台州市中等职业学校生师比最大，为18.10；无锡市中等职业学校生师比最小，为10.11。

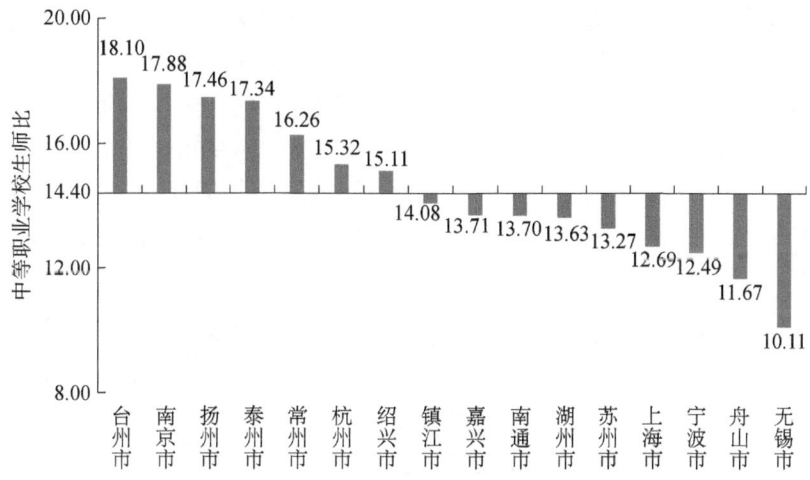

图4-13　2018年长三角核心区16个城市中等职业学校生师比与平均值比较

如图4-14所示，2011～2018年，长三角核心区16个城市的中等职业学校生师比均呈现出降低的趋势。其中，绍兴市、嘉兴市和湖州市3个城市的中等职业学校生师比变化幅度最大。

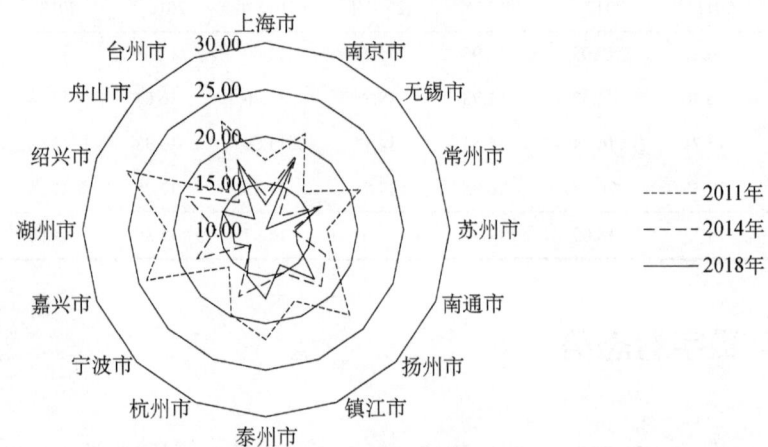

图 4-14　2011年、2014年和2018年长三角核心区16个城市中等职业学校生师比变化情况

4.4.2　从增速看发展

如表 4-11 所示,长三角核心区 2011 年的中等职业学校生师比为 19.33,2018 年降低至 14.40,增幅为 -0.26 倍,年均增长率为 -4.12%。2011~2018 年,长三角核心区各城市中等职业学校生师比均出现了不同程度的降低,年均增长率均为负。其中,嘉兴市增幅最小,为 -0.43 倍,年均增长率为 -7.74%;南京市的增幅最大,为 -0.15 倍,年均增长率为 -2.36%。分地区来看,浙江地区中等职业学校生师比的增幅最小,为 -0.28 倍,年均增长率为 -4.64%;江苏地区的增幅最大,为 -0.23 倍,年均增长率为 -3.74%。

表4-11　2011~2018年长三角核心区16个城市中等职业学校生师比增长情况

地区	2011年中等职业学校生师比	2018年中等职业学校生师比	2011~2018年增幅(倍)	2011~2018年年均增长率(%)
上海市	17.50	12.69	-0.27	-4.49
南京市	21.13	17.88	-0.15	-2.36
无锡市	15.82	10.11	-0.36	-6.19
常州市	21.19	16.26	-0.23	-3.71
苏州市	16.67	13.27	-0.20	-3.21

续表

地区	2011年中等职业学校生师比	2018年中等职业学校生师比	2011~2018年增幅（倍）	2011~2018年年均增长率（%）
南通市	18.06	13.70	-0.24	-3.87
扬州市	22.89	17.46	-0.24	-3.80
镇江市	18.20	14.08	-0.23	-3.59
泰州市	21.77	17.34	-0.20	-3.20
杭州市	19.83	15.32	-0.23	-3.62
宁波市	15.67	12.49	-0.20	-3.18
嘉兴市	24.08	13.71	-0.43（0.431）	-7.74
湖州市	20.81	13.63	-0.35	-5.87
绍兴市	26.46	15.11	-0.43（0.429）	-7.69
舟山市	15.71	11.67	-0.26	-4.16
台州市	22.55	18.10	-0.20	-3.09
上海市	17.50	12.69	-0.27	-4.49
江苏地区	18.99	14.55	-0.23	-3.74
浙江地区	20.58	14.75	-0.28	-4.64
总计	19.33	14.40	-0.26	-4.12

如图4-15所示，2011~2018年，长三角核心区16个城市中等职业学校生师比总年均增长率为-4.12%，舟山市、上海市、湖州市、无锡市、绍兴市和嘉兴市等6个城

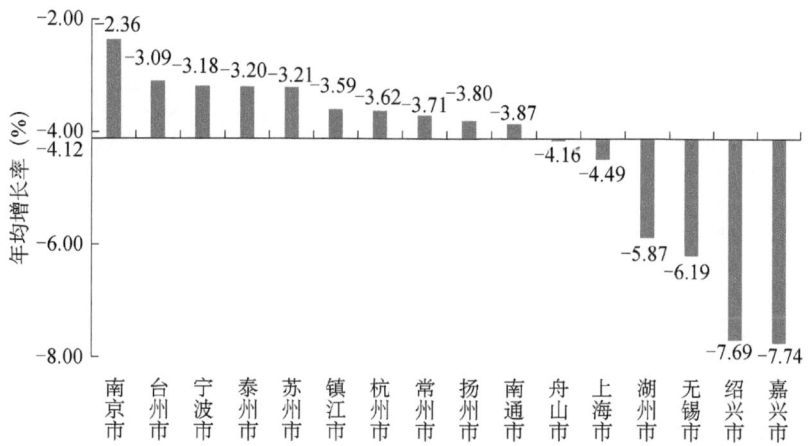

图4-15 2011~2018年长三角核心区16个城市中等职业学校生师比年均增长率与总年均增长率比较

市中等职业学校生师比的年均增长率低于总年均增长率,南通市和舟山市距离总年均增长率最近。嘉兴市中等职业学校生师比年均增长率最小,为-7.74%;南京市中等职业学校生师比年均增长率最大,为-2.36%。

如图4-16所示,2011~2018年,长三角核心区中等职业学校生师比呈现出下降的趋势,其中江苏地区和浙江地区的变化情况与长三角核心区变化情况基本上保持一致。上海市在2013~2017年出现了较大幅度的波动。

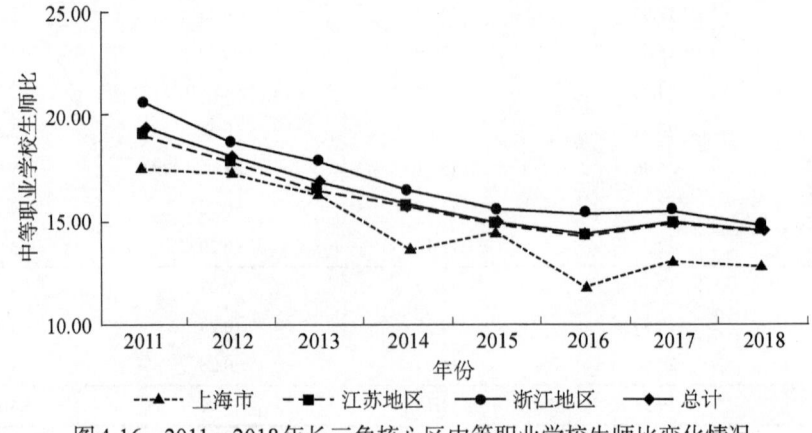

图4-16　2011~2018年长三角核心区中等职业学校生师比变化情况

5 普通中学

普通中学包括普通初中和普通高中，本章主要选取了普通中学数、普通中学专任教师数、普通中学在校生数以及普通中学生师比等4个指标来分析2000~2018年长三角核心区域16个城市的普通中学发展情况。

5.1 普通中学数

2000~2018年，长三角核心区16个城市普通中学数如表5-1所示。

表5-1　2000~2018年长三角核心区16个城市普通中学数　（单位：所）

城市	2000年	2001年	2002年	2003年	2004年	2005年	2006年
上海市	861	865	857	844	822	807	794
南京市	294	284	274	260	240	234	223
无锡市	211	213	212	204	198	194	193
常州市	174	177	177	174	173	172	172
苏州市	264	270	268	270	268	270	265
南通市	406	397	394	346	326	318	315
扬州市	232	237	236	214	208	213	207
泰州市	274	272	263	258	253	244	245
镇江市	141	134	130	128	126	126	123
杭州市	415	402	396	393	384	369	345
宁波市	325	321	305	303	308	304	315
嘉兴市	174	171	165	165	164	168	162
湖州市	163	155	153	151	141	141	142
绍兴市	249	234	227	217	209	202	195
舟山市	85	74	71	62	61	55	55
台州市	335	335	324	311	298	277	270
总计	4603	4541	4452	4300	4179	4094	4021
城市	2007年	2008年	2009年	2010年	2011年	2012年	
上海市	786	774	760	755	754	760	
南京市	211	221	218	215	220	220	

5 普通中学

续表

城市	2007年	2008年	2009年	2010年	2011年	2012年
无锡市	185	184	184	180	174	169
常州市	169	168	166	163	162	162
苏州市	260	261	257	258	263	262
南通市	304	288	271	250	243	224
扬州市	201	186	186	177	173	170
泰州市	247	227	217	203	199	202
镇江市	127	116	114	109	108	111
杭州市	342	336	327	317	317	314
宁波市	317	310	306	301	299	299
嘉兴市	162	160	160	155	157	156
湖州市	134	133	130	130	126	125
绍兴市	193	189	188	188	187	186
舟山市	54	54	52	52	50	50
台州市	264	261	259	258	268	274
总计	3956	3868	3795	3711	3700	3684
城市	2013年	2014年	2015年	2016年	2017年	2018年
上海市	762	768	790	801	818	833
南京市	219	223	223	227	232	240
无锡市	176	180	179	183	186	188
常州市	163	158	160	160	161	164
苏州市	261	276	283	292	297	304
南通市	222	215	211	206	202	206
扬州市	170	168	166	166	164	168
泰州市	191	188	187	186	184	181
镇江市	113	112	111	110	110	111
杭州市	311	313	318	326	331	351
宁波市	297	292	289	293	299	304
嘉兴市	157	175	173	170	172	170
湖州市	125	123	118	120	124	120
绍兴市	182	180	185	186	187	187

续表

城市	2013年	2014年	2015年	2016年	2017年	2018年
舟山市	48	43	41	42	42	41
台州市	280	259	253	269	277	281
总计	3677	3673	3687	3737	3786	3849

5.1.1 从数字看态势

如图5-1所示，2018年，长三角核心区16个城市普通中学数的平均值为241所，上海市、杭州市、苏州市、宁波市以及台州市等5个城市普通中学数高于平均值，而南京市略低于平均值。上海市普通中学数最多，达到833所；舟山市普通中学数最少，仅为41所。

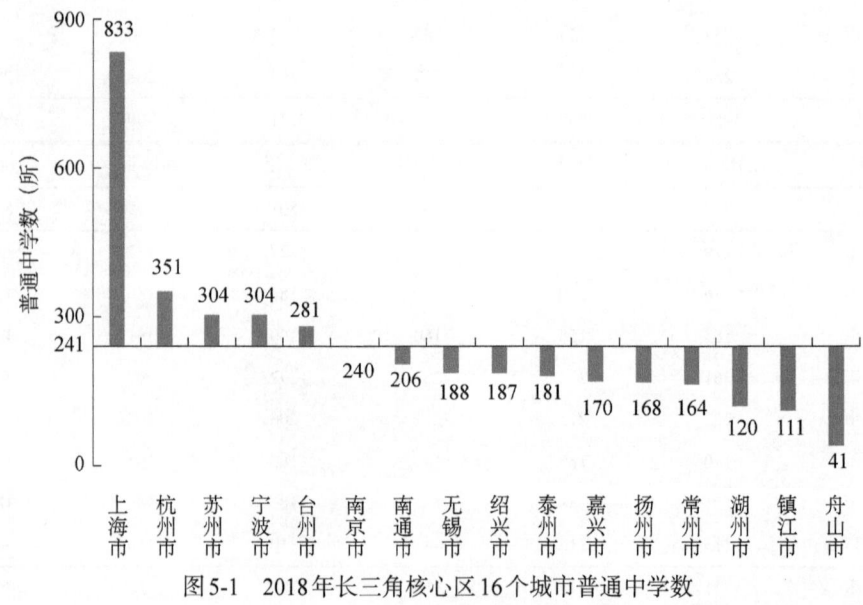

图5-1　2018年长三角核心区16个城市普通中学数

如图5-2所示，2000～2018年，除苏州市外，长三角核心区15个城市普通中学数都处于下降状态。舟山市、南通市以及泰州市普通中学数的降幅最为明显，嘉兴市、上海市以及常州市的降幅较小。

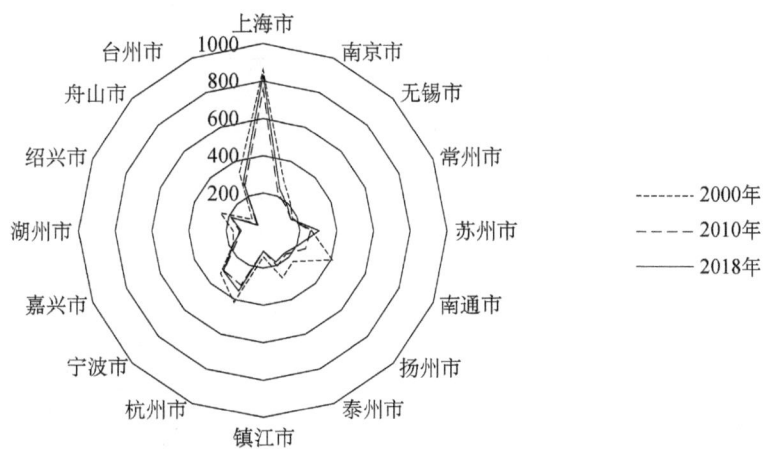

图5-2 2000年、2010年和2018年长三角核心区16个城市普通中学数比较（单位：所）

5.1.2 从增速看发展

如表5-2所示，2000～2018年，长三角核心区16个城市普通中学数由4603所减少为3849所，增幅为-0.16倍，年均增长率为-0.99%。仅苏州市普通中学数增幅为正，为0.15倍，其余15个城市普通中学数增幅均为负。总体而言，2000～2018年，长三角核心区大部分城市普通中学数整体呈现减少趋势。

表5-2 2000～2018年长三角核心区16个城市普通中学数增长情况

地区	2000年总数（所）	2018年总数（所）	2000～2018年增幅（倍）	2000～2018年年均增长率（%）
上海市	861	833	-0.03	-0.18
南京市	294	240	-0.18	-1.12
无锡市	211	188	-0.11	-0.64
常州市	174	164	-0.06	-0.33
苏州市	264	304	0.15	0.79
南通市	406	206	-0.49	-3.70
扬州市	232	168	-0.28	-1.78
泰州市	274	181	-0.34	-2.28
镇江市	141	111	-0.21	-1.32

续表

地区	2000年总数（所）	2018年总数（所）	2000～2018年增幅（倍）	2000～2018年年均增长率（%）
杭州市	415	351	−0.15	−0.93
宁波市	325	304	−0.06	−0.37
嘉兴市	174	170	−0.02	−0.13
湖州市	163	120	−0.26	−1.69
绍兴市	249	187	−0.25	−1.58
舟山市	85	41	−0.52	−3.97
台州市	335	281	−0.16	−0.97
上海市	861	833	−0.03	−0.18
江苏地区	1996	1562	−0.22	−1.35
浙江地区	1746	1454	−0.17	−1.01
总计	4603	3849	−0.16	−0.99

如图5-3所示，2000～2018年，长三角核心区16个城市普通中学数的总年均增长率为−0.99%，苏州市、嘉兴市、上海市、常州市、宁波市、无锡市、杭州市以及台州市等8个城市的年均增长率高于总年均增长率。其中，苏州市的年均增长率最高，为0.79%；其次是嘉兴市、上海市，年均增长率分别为−0.13%、−0.18%。

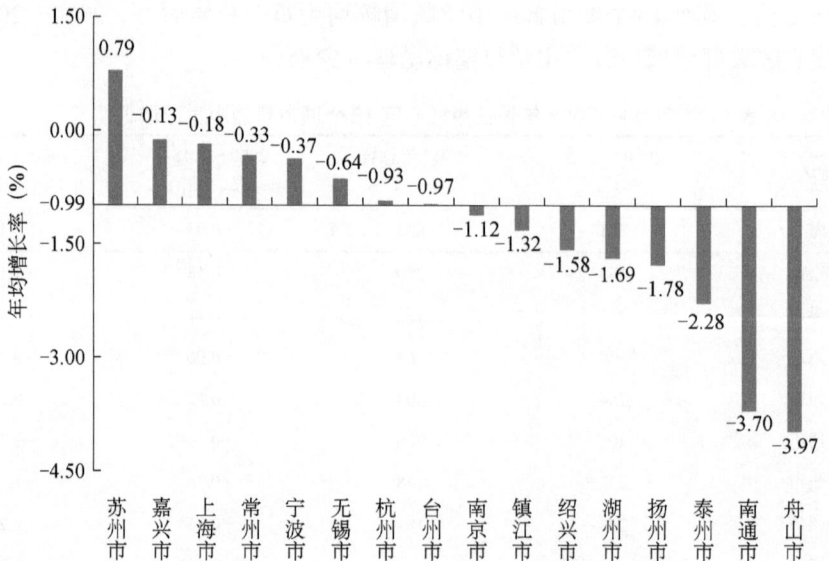

图5-3　2000～2018年长三角核心区16个城市普通中学数的年均增长率与总年均增长率比较

如图5-4所示,2000~2018年,长三角核心区普通中学总数整体上呈现先下降后上升的趋势。其中,上海市普通中学数变化情况不大,从2000年的861所逐渐减少到2011年的754所,再逐渐增加到2018年的833所。江苏地区普通中学数整体呈现下降趋势,从2000年的1996所逐渐减少到2018年的1562所。浙江地区普通中学数呈现先下降后上升的趋势,由2000年的1746所下降到2015年的1377所,再逐渐增加到2018年的1454所。从普通中学数来看,江苏地区普通中学数多于浙江地区普通中学数,而上海市普通中学数相对较少。

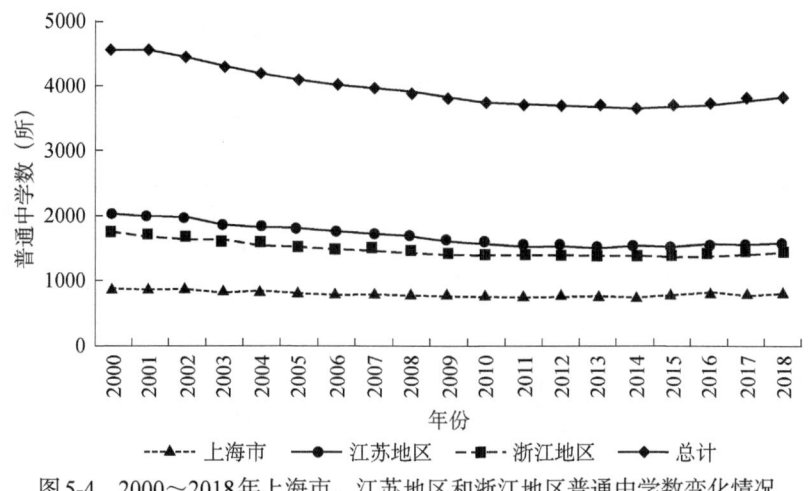

图5-4　2000~2018年上海市、江苏地区和浙江地区普通中学数变化情况

5.1.3　从构成看特征

如表5-3所示,2018年,上海市普通中学数的占比最大,为21.64%,在长三角核心区16个城市中位列第一;杭州市普通中学数的占比为9.12%,位列第二;舟山市普通中学数的占比最小,仅为1.07%。

分地区来看,在江苏地区,苏州市普通中学数占比最大,为7.90%;其次是南京市普通中学数,占比为6.24%;镇江市普通中学数的占比最少,为2.88%。在浙江地区,杭州市普通中学数占比最多,为9.12%;其次是宁波市普通中学数,占比为7.90%;舟山市普通中学数占比最小,为1.07%。

表5-3 2000年和2018年长三角核心区16个城市普通中学数及其占比情况

地区	2000年		2018年	
	总数（所）	占比（%）	总数（所）	占比（%）
上海市	861	18.71	833	21.64
南京市	294	6.39	240	6.24
无锡市	211	4.58	188	4.88
常州市	174	3.78	164	4.26
苏州市	264	5.74	304	7.90
南通市	406	8.82	206	5.35
扬州市	232	5.04	168	4.36
泰州市	274	5.95	181	4.70
镇江市	141	3.06	111	2.88
杭州市	415	9.02	351	9.12
宁波市	325	7.06	304	7.90
嘉兴市	174	3.78	170	4.42
湖州市	163	3.54	120	3.12
绍兴市	249	5.41	187	4.86
舟山市	85	1.85	41	1.07
台州市	335	7.28	281	7.30
上海市	861	18.71	833	21.64
江苏地区	1996	43.36	1562	40.58
浙江地区	1746	37.93	1454	37.78
总计	4603	100.00	3849	100.00

5.2 普通中学专任教师数

普通中学专任教师是指在普通中学中具备教师资格且专门从事教学工作的人员，普通中学专任教师数能直接反映普通中学的师资规模。2000～2018年，长三角核心区16个城市普通中学专任教师数如表5-4所示。

表5-4 2000～2018年长三角核心区16个城市普通中学专任教师数

（单位：人）

城市	2000年	2001年	2002年	2003年	2004年	2005年	2006年
上海市	50 051	50 411	50 705	50 833	51 277	51 186	51 362
南京市	18 136	18 828	19 921	21 003	22 104	22 344	22 671
无锡市	16 468	17 621	18 707	19 892	20 321	20 440	20 375
常州市	10 351	11 058	11 619	12 147	12 710	12 896	13 249
苏州市	19 023	20 548	21 870	23 366	24 220	24 268	24 323
南通市	22 550	23 199	24 398	25 626	26 209	26 251	26 459
扬州市	12 750	13 579	14 657	15 961	16 767	16 927	17 119
泰州市	14 841	16 026	17 125	18 399	19 451	19 977	20 373
镇江市	8 461	8 758	9 224	9 579	9 701	9 829	9 909
杭州市	19 274	20 947	21 884	22 715	23 552	24 246	24 795
宁波市	15 771	16 622	17 309	18 258	19 331	20 162	20 844
嘉兴市	8 800	9 816	10 652	11 272	11 846	12 257	12 586
湖州市	7 122	7 544	8 012	8 435	8 895	9 173	9 371
绍兴市	12 537	13 422	14 019	14 912	15 787	16 430	16 715
舟山市	3 517	3 610	3 659	3 496	3 430	3 333	3 336
台州市	17 663	18 217	18 533	18 572	18 757	18 994	19 257
总计	257 315	270 206	282 294	294 466	304 358	308 713	312 744
城市	2007年	2008年	2009年	2010年	2011年	2012年	2013年
上海市	51 313	50 321	50 513	50 741	51 102	51 790	52 649
南京市	22 654	22 167	22 292	22 316	22 416	22 245	22 361
无锡市	20 268	20 061	19 915	19 839	19 868	19 394	19 247
常州市	13 895	13 908	13 883	13 915	13 843	13 944	13 958
苏州市	24 614	24 868	25 270	25 295	25 558	25 916	25 792
南通市	26 780	26 263	26 077	26 077	25 801	25 542	24 898
扬州市	17 420	17 390	17 526	17 057	16 775	16 725	16 757
泰州市	20 789	20 650	20 607	19 858	19 619	19 658	19 505
镇江市	10 075	10 199	10 219	10 124	10 210	10 036	9 983
杭州市	25 133	25 611	26 068	26 666	26 713	27 061	27 385
宁波市	21 497	22 345	22 718	22 961	22 897	23 021	23 203

续表

城市	2007年	2008年	2009年	2010年	2011年	2012年	2013年
嘉兴市	12 947	13 476	13 829	14 067	14 192	14 126	14 139
湖州市	9 401	9 591	9 755	9 894	10 835	10 945	10 101
绍兴市	16 961	17 201	17 431	17 876	18 216	18 476	18 317
舟山市	3 386	3 337	3 407	3 403	3 789	3 723	3 284
台州市	19 452	19 732	20 003	20 157	20 246	21 452	20 232
总计	316 585	317 120	319 513	320 246	322 080	324 054	321 811

城市	2014年	2015年	2016年	2017年	2018年
上海市	54 114	54 962	55 757	57 213	59 346
南京市	22 414	22 549	22 982	23 517	24 468
无锡市	19 415	19 893	19 991	20 370	20 905
常州市	13 991	13 970	14 060	14 508	14 982
苏州市	26 337	26 772	27 726	29 023	31 301
南通市	24 408	24 189	24 493	24 299	24 484
扬州市	16 626	16 476	16 467	16 177	16 215
泰州市	19 491	19 201	19 014	18 787	18 769
镇江市	9 915	9 889	10 088	10 116	10 115
杭州市	28 049	28 539	29 485	30 574	31 625
宁波市	23 309	23 404	23 577	24 119	24 603
嘉兴市	14 446	14 465	14 465	14 558	14 488
湖州市	10 078	10 083	10 097	10 141	10 133
绍兴市	18 320	18 498	18 814	19 436	19 565
舟山市	3 254	3 263	3 251	3 199	3 833
台州市	22 296	23 774	25 105	25 403	23 253
总计	326 463	329 927	335 372	341 440	348 085

5.2.1 从数字看态势

如图5-5所示，2018年，长三角核心区16个城市普通中学专任教师数的平均值为21 755人，上海市、杭州市、苏州市、宁波市、南通市、南京市以及台州市等7个城市的普通中学专任教师数高于平均值，其他9个城市普通中学专任教师数均低于平均值。其中，上海市普通中学专任教师数（59 346人）与平均值差距最大。

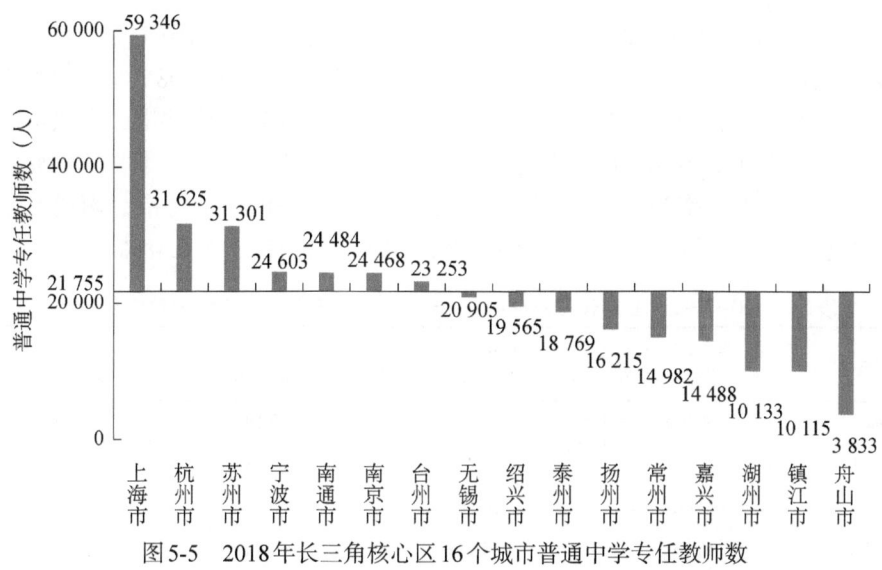

图5-5　2018年长三角核心区16个城市普通中学专任教师数

如图5-6所示，长三角核心区大部分城市的普通中学专任教师数呈现出增长趋势，但2010年以后这种增长趋势有所减弱。2018年，上海市、杭州市、苏州市、宁波市、南通市、南京市的普通中学专任教师数位列长三角核心区16个城市前六。

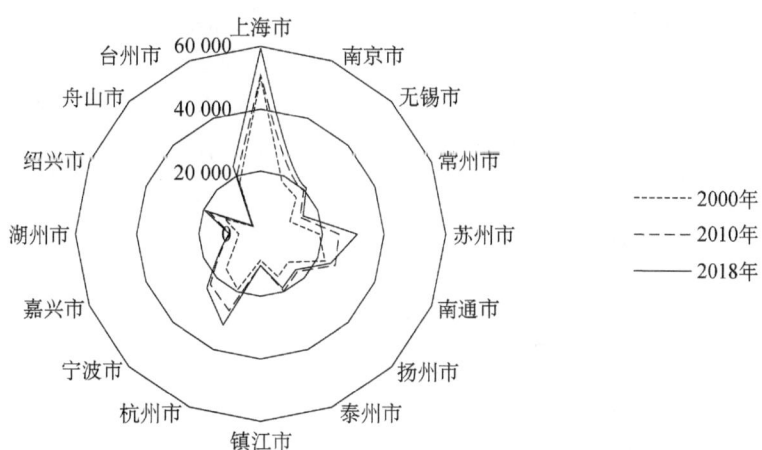

图5-6　2000年、2010年和2018年长三角核心区16个城市普通中学专任教师数比较（单位：人）

5.2.2 从增速看发展

如表5-5所示,2000~2018年,长三角核心区16个城市普通中学专任教师数整体呈现出增长趋势,由2000年的257 315人增加到2018年的348 085人,增幅为0.35倍,年均增长率为1.69%。其中,常州市、苏州市、杭州市、宁波市、嘉兴市以及绍兴市年均增长率在2.00%以上。苏州市和嘉兴市年均增长率最高,均为2.81%;其次是杭州市,年均增长率为2.79%。年均增长率低于1.00%的有上海市、南通市、舟山市。年均增长率最低的是南通市,为0.46%;其次是舟山市,为0.48%。

表5-5 2000~2018年长三角核心区16个城市普通中学专任教师数增长情况

地区	2000年总数（人）	2018年总数（人）	2000~2018年增幅（倍）	2000~2018年年均增长率（%）
上海市	50 051	59 346	0.19	0.95
南京市	18 136	24 468	0.35	1.68
无锡市	16 468	20 905	0.27	1.33
常州市	10 351	14 982	0.45	2.08
苏州市	19 023	31 301	0.65	2.81
南通市	22 550	24 484	0.09	0.46
扬州市	12 750	16 215	0.27	1.34
泰州市	14 841	18 769	0.26	1.31
镇江市	8 461	10 115	0.20	1.00
杭州市	19 274	31 625	0.64	2.79
宁波市	15 771	24 603	0.56	2.50
嘉兴市	8 800	14 488	0.65	2.81
湖州市	7 122	10 133	0.42	1.98
绍兴市	12 537	19 565	0.56	2.50
舟山市	3 517	3 833	0.09	0.48
台州市	17 663	23 253	0.32	1.54
上海市	50 051	59 346	0.19	0.95
江苏地区	122 580	161 239	0.32	1.53
浙江地区	84 684	127 500	0.51	2.30
总计	257 315	348 085	0.35	1.69

5 普通中学

如图5-7所示,2000～2018年,长三角核心区16个城市普通中学专任教师数总年均增长率为1.69%,嘉兴市、苏州市、杭州市、绍兴市、宁波市、常州市和湖州市等7个城市普通中学专任教师数的年均增长率高于总年均增长率。嘉兴市的年均增长率最高,达到2.81%;南通市的年均增长率最低,仅为0.46%。

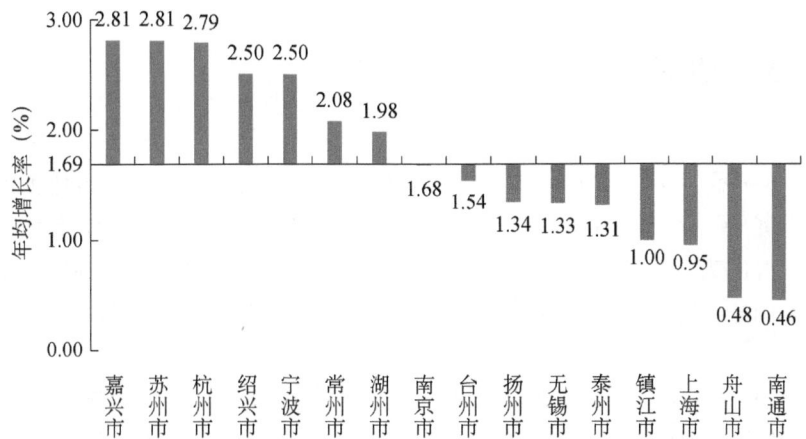

图5-7　2000～2018年长三角核心区16个城市普通中学专任教师数的年均增长率与总年均增长率比较

如图5-8所示,2000～2018年长三角核心区普通中学专任教师数呈现出逐年上升的趋势。其中,江苏地区普通中学专任教师数在12.25万～16.13万人之间波动,但变

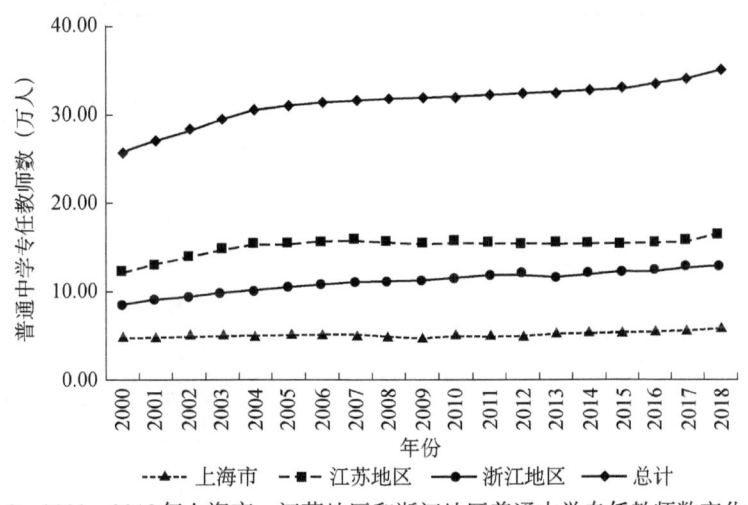

图5-8　2000～2018年上海市、江苏地区和浙江地区普通中学专任教师数变化情况

化幅度较小。浙江地区普通中学专任教师数增幅较为明显,从2000年的84 684人逐年增加到2018年的127 500人。上海市普通中学专任教师数从2000年的50 051人增加到2018年的59 346人,增幅较小。从普通中学专任教师数来看,江苏地区明显多于浙江地区,而上海市专任教师数相对较少。

5.2.3 从构成看特征

如表5-6所示,2018年上海市普通中学专任教师数为59 346人,占比为17.05%,在长三角核心区16个城市中位列第一;其次是杭州市,其普通中学专任教师数为31 625人,占比为9.09%,位列第二;舟山市普通中学专任教师数为3833人,占比最小,仅为1.10%,是长三角核心区16个城市中唯一的普通中学专任教师数在10 000人以下的城市。

从江苏地区来看,苏州市普通中学专任教师数最多,为31 301人,占比为8.99%;其次是南通市,普通中学专任教师数为24 484人,占比为7.03%;镇江市普通中学专任教师数最少,为10 115人,占比为2.91%。从浙江地区来看,杭州市普通中学专任教师数最多,为31 625人,占比为9.09%;其次是宁波市,普通中学专任教师数为24 603人,占比为7.07%。

表5-6 2000年和2018年长三角核心区16个城市普通中学专任教师数及其占比情况

地区	2000年		2018年	
	总数(人)	占比(%)	总数(人)	占比(%)
上海市	50 051	19.45	59 346	17.05
南京市	18 136	7.05	24 468	7.03
无锡市	16 468	6.40	20 905	6.01
常州市	10 351	4.02	14 982	4.30
苏州市	19 023	7.39	31 301	8.99
南通市	22 550	8.76	24 484	7.03
扬州市	12 750	4.96	16 215	4.66
泰州市	14 841	5.77	18 769	5.39
镇江市	8 461	3.29	10 115	2.91

续表

地区	2000年		2018年	
	总数（人）	占比（%）	总数（人）	占比（%）
杭州市	19 274	7.49	31 625	9.09
宁波市	15 771	6.13	24 603	7.07
嘉兴市	8 800	3.42	14 488	4.16
湖州市	7 122	2.77	10 133	2.91
绍兴市	12 537	4.87	19 565	5.62
舟山市	3 517	1.37	3 833	1.10
台州市	17 663	6.86	23 253	6.68
上海市	50 051	19.45	59 346	17.05
江苏地区	122 580	47.64	161 239	46.32
浙江地区	84 684	32.91	127 500	36.63
总计	257 315	100.00	348 085	100.00

5.3 普通中学在校生数

2000～2018年，长三角核心区16个城市普通中学在校生数如表5-7所示。

表5-7 2000～2018年长三角核心区16个城市普通中学在校生数

（单位：万人）

城市	2000年	2001年	2002年	2003年	2004年	2005年	2006年
上海市	79.54	80.23	78.97	75	84	77.02	71.17
南京市	25.38	29.07	32.38	34	34	32.26	30.56
无锡市	24.86	27.87	30.18	31	30	28.68	27.19
常州市	18.23	20.36	22.13	23	23	22.07	21.59
苏州市	30.47	33.51	36.03	37	36	33.82	32.47
南通市	37.14	41.83	45.63	47	46	44.13	42.48
扬州市	19.99	22.43	24.84	27	27	26.41	25.90
泰州市	24.85	27.84	30.82	33	33	32.34	31.14

续表

城市	2000年	2001年	2002年	2003年	2004年	2005年	2006年
镇江市	14.12	15.53	16.59	17	17	16.14	15.56
杭州市	34.25	36.48	37.46	38	37	36.23	35.97
宁波市	27.98	29.60	30.86	31	32	32.30	33.27
嘉兴市	16.46	18.29	18.90	19	20	20.42	20.61
湖州市	12.92	14.24	14.97	16	16	15.25	14.96
绍兴市	22.84	25.15	27.00	27	28	27.75	27.31
舟山市	5.63	5.80	5.73	6	5	4.81	4.54
台州市	33.41	33.92	33.14	32	30	28.40	28.03
总计	428.07	462.15	485.63	493	498	478.03	462.75

城市	2007年	2008年	2009年	2010年	2011年	2012年	2013年
上海市	65.60	61.77	60.37	59.44	59.16	59.04	59.35
南京市	28.53	27.27	26.11	24.86	23.77	23.07	22.43
无锡市	26.03	24.86	23.77	22.76	21.76	21.05	20.82
常州市	21.13	20.60	20.10	18.88	17.76	16.91	16.48
苏州市	31.41	30.09	28.60	27.25	26.54	26.18	26.69
南通市	41.23	39.67	36.70	32.65	30.52	27.96	26.00
扬州市	25.22	24.69	23.61	22.25	20.81	19.79	19.02
泰州市	30.19	28.47	25.83	23.31	21.13	19.62	18.46
镇江市	15.01	14.23	13.44	12.32	11.28	10.46	9.95
杭州市	36.12	36.48	36.00	35.30	34.06	33.14	32.73
宁波市	33.54	34.34	33.29	32.54	30.86	29.52	28.59
嘉兴市	21.33	21.97	21.57	20.72	19.46	18.34	17.50
湖州市	14.96	15.25	14.93	14.63	13.73	13.13	12.59
绍兴市	27.40	27.95	27.76	27.48	26.57	25.83	25.19
舟山市	4.33	4.11	4.00	3.88	3.73	3.54	3.47
台州市	28.75	29.31	28.91	28.68	28.31	28.11	28.26
总计	450.78	441.06	424.99	406.95	389.45	375.69	367.53

城市	2014年	2015年	2016年	2017年	2018年
上海市	58.42	57.05	57	57	59
南京市	22.28	21.99	22	23	25

续表

城市	2014年	2015年	2016年	2017年	2018年
无锡市	20.94	21.09	22	22	23
常州市	16.25	16.25	17	17	18
苏州市	27.96	29.25	31	33	36
南通市	24.74	23.81	24	24	24
扬州市	18.42	17.88	18	18	18
泰州市	17.74	17.15	17	17	17
镇江市	9.59	9.41	10	10	10
杭州市	32.44	32.13	33	34	35
宁波市	28.01	27.39	28	29	30
嘉兴市	17.02	16.26	16	16	16
湖州市	12.20	11.64	11	11	11
绍兴市	24.61	23.60	23	23	23
舟山市	3.36	3.25	3	3	3
台州市	28.23	28.50	29	31	31
总计	362.21	356.65	361	368	379

2008～2014年长三角核心区16个城市普通高中在校生数见表5-8。

表5-8 2008～2014年长三角核心区16个城市普通高中在校生数

（单位：万人）

城市	2008年	2009年	2010年	2011年	2012年	2013年	2014年
上海市	40.89	37.44	36.10	32.94	32.59	30.35	28.90
南京市	27.00	25.79	18.87	23.11	21.30	20.66	7.75
无锡市	22.81	21.60	13.21	17.62	14.63	14.44	6.57
常州市	14.80	14.31	10.19	13.32	12.26	12.13	5.33
苏州市	23.15	21.38	13.29	19.04	16.08	16.17	7.89
南通市	24.79	23.40	18.13	22.46	17.63	18.88	9.09
扬州市	18.73	18.95	13.04	17.47	14.87	16.92	7.05
泰州市	16.43	14.57	12.59	13.47	10.79	10.66	6.70
镇江市	10.47	9.79	7.11	8.82	7.41	7.09	3.40
杭州市	24.16	21.46	22.77	24.02	23.40	23.09	22.26

续表

城市	2008年	2009年	2010年	2011年	2012年	2013年	2014年
宁波市	19.26	18.52	10.43	10.68	18.16	17.53	9.03
嘉兴市	12.32	12.71	13.26	13.59	13.23	12.43	11.27
湖州市	8.36	8.18	8.33	8.58	8.68	8.59	7.79
绍兴市	16.58	16.83	17.00	18.06	17.54	17.02	15.50
舟山市	2.68	2.48	2.29	2.32	2.25	2.14	2.00
台州市	15.03	15.40	17.61	9.33	17.62	17.49	16.38
总计	297.46	282.81	234.22	254.83	248.44	245.59	166.91

5.3.1 从数字看态势

如图5-9所示，2018年，长三角核心区16个城市普通中学在校生数的平均值为23.69万人，上海市、苏州市、杭州市、台州市、宁波市、南京市和南通市等7个城市普通中学在校生数高于平均值。其他9个城市普通中学在校生数均低于平均值，其中，上海市（59万人）和舟山市（3万人）与平均值的差距最大。

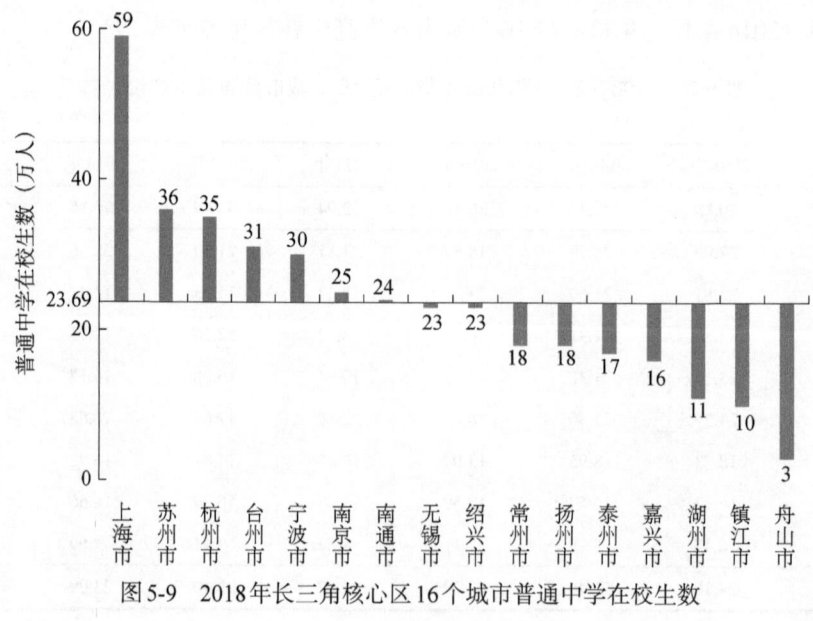

图5-9 2018年长三角核心区16个城市普通中学在校生数

如图 5-10 所示，2000～2018 年，长三角核心区 16 个城市的普通中学在校生数整体呈现减少趋势，其中 2000～2010 年的减少趋势最为明显。2018 年，上海市、苏州市、杭州市、台州市、宁波市和南京市普通中学在校生数居长三角核心区前六位。

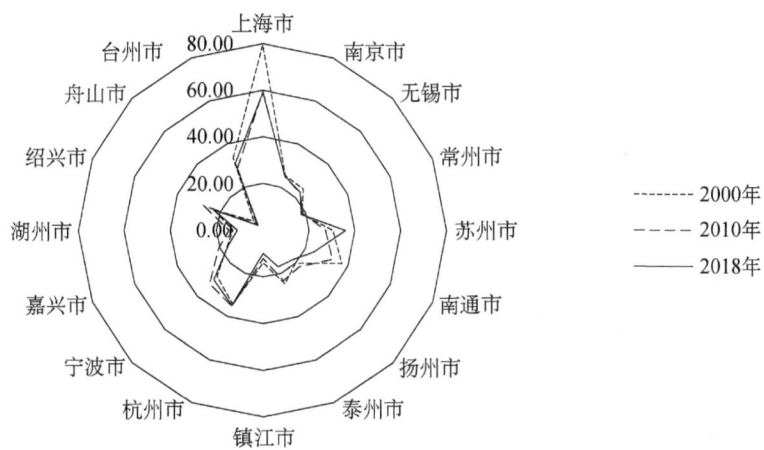

图 5-10　2000 年、2010 年和 2018 年长三角核心区 16 个城市普通中学在校生数比较（单位：万人）

5.3.2　从增速看发展

如表 5-9 所示，2000～2018 年，长三角核心区普通中学在校生数整体呈现出减少趋势，由 428.07 万人减少到 379 万人，增幅为-0.11 倍，年均增长率为-0.67%。仅苏州市、杭州市、宁波市和绍兴市 4 个城市普通中学在校生数实现了正增长，但这 4 个城市的年均增长率均小于 1.00%。其中，苏州市年均增长率最高，为 0.93%；其次是宁波市，年均增长率为 0.39%。舟山市普通中学在校生数减少得最多，增幅为-0.47 倍，年均增长率为-3.44%；之后依次是南通市、泰州市，增幅分别为-0.35 倍和-0.32 倍，年均增长率分别为-2.40% 和-2.09%。

表5-9　2000～2018年长三角核心区16个城市普通中学在校生数增长情况

地区	2000年总数（万人）	2018年总数（万人）	2000~2018年增幅（倍）	2000~2018年年均增长率（%）
上海市	79.54	59	-0.26	-1.65
南京市	25.38	25	-0.01	-0.08
无锡市	24.86	23	-0.07	-0.43

续表

地区	2000年总数（万人）	2018年总数（万人）	2000～2018年增幅（倍）	2000～2018年年均增长率（%）
常州市	18.23	18	-0.01	-0.07
苏州市	30.47	36	0.18	0.93
南通市	37.14	24	-0.35	-2.40
扬州市	19.99	18	-0.10	-0.58
泰州市	24.85	17	-0.32	-2.09
镇江市	14.12	10	-0.29	-1.90
杭州市	34.25	35	0.02	0.12
宁波市	27.98	30	0.07	0.39
嘉兴市	16.46	16	-0.03	-0.16
湖州市	12.92	11	-0.15	-0.89
绍兴市	22.84	23	0.01	0.04
舟山市	5.63	3	-0.47	-3.44
台州市	33.41	31	-0.07	-0.42
上海市	79.54	59	-0.26	-1.65
江苏地区	195.04	171	-0.12	-0.73
浙江地区	153.49	149	-0.03	-0.16
总计	428.07	379	-0.11	-0.67

由表5-10可知，2008～2014年，长三角核心区普通高中在校生数呈现减少趋势，由297.46万人减少到166.91万人，增幅为-0.44倍，年均增长率为-9.18%。仅台州市普通高中在校生数实现了正增长，年均增长率为1.44%。南京市普通高中在校生数减少得最多，增幅为-0.71倍，年均增长率为-18.78%；之后依次是无锡市和镇江市，增幅分别为-0.71倍和-0.68倍，年均增长率分别为-18.73%和-17.09%。年均增长率在-10%以上的城市有上海市、杭州市、嘉兴市、舟山市、湖州市、绍兴市和台州市。

表5-10 2008～2014年长三角核心区16个城市普通高中在校生数增长情况

地区	2008年总数（万人）	2014年总数（万人）	2008～2014年增幅（倍）	2008～2014年年均增长率（%）
上海市	40.89	28.90	-0.29	-5.62

续表

地区	2008年总数（万人）	2014年总数（万人）	2008~2014年增幅（倍）	2008~2014年年均增长率（%）
南京市	27.00	7.75	−0.71	−18.78
无锡市	22.81	6.57	−0.71	−18.73
常州市	14.80	5.33	−0.64	−15.65
苏州市	23.15	7.89	−0.66	−16.42
南通市	24.79	9.09	−0.63	−15.40
扬州市	18.73	7.05	−0.62	−15.03
泰州市	16.43	6.70	−0.59	−13.89
镇江市	10.47	3.40	−0.68	−17.09
杭州市	24.16	22.26	−0.08	−1.36
宁波市	19.26	9.03	−0.53	−11.86
嘉兴市	12.32	11.27	−0.09	−1.47
湖州市	8.36	7.79	−0.07	−1.17
绍兴市	16.58	15.50	−0.07	−1.12
舟山市	2.68	2.00	−0.25	−4.76
台州市	15.03	16.38	0.09	1.44
上海市	40.89	28.90	−0.29	−5.62
江苏地区	158.18	53.78	−0.66	−16.46
浙江地区	98.39	84.23	−0.14	−2.56
总计	297.46	166.91	−0.44	9.18

如图5-11所示，2000~2018年，长三角核心区16个城市普通中学在校生数的总年均增长率为-0.67%，苏州市、宁波市、杭州市、绍兴市、常州市、南京市、嘉兴市、台州市、无锡市和扬州市等10个城市的年均增长率高于总年均增长率。其中，苏州市年均增长率最高，为0.93%；其次是宁波市，为0.39%。湖州市、上海市、镇江市、泰州市、南通市以及舟山市等6个城市的年均增长率低于总年均增长率，其中，江苏地区年均增长率最低的是南通市，为-2.40%；浙江地区年均增长率最低的是舟山市，为-3.44%。

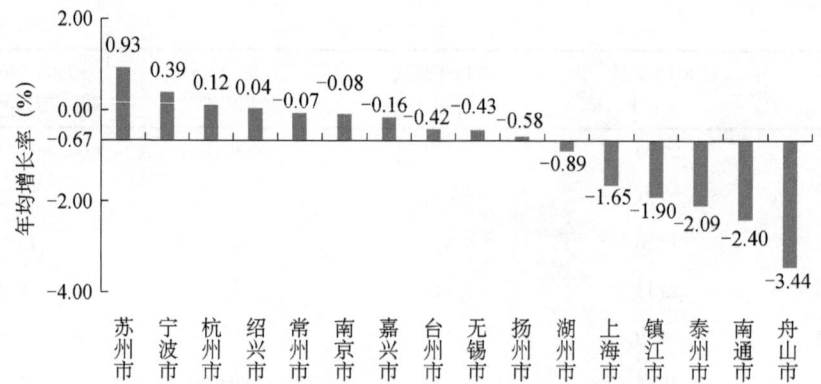

图 5-11 2000～2018年长三角核心区16个城市普通中学在校生数的年均增长率与总年均增长率比较

如图 5-12 所示，2008～2014 年，上海市普通高中在校生数的年均增长率明显高于长三角核心区 16 个城市的总年均增长率（-9.18%），为-5.62%。江苏地区 8 个城市年均增长率均明显低于长三角核心区 16 个城市的总年均增长率，其中，南京市和无锡市的年均增长率最低，分别为-18.78%和-18.73%。浙江地区除了宁波市（-11.86%）外，其余 6 个城市的年均增长率明显高于长三角核心区 16 个城市的总年均增长率。

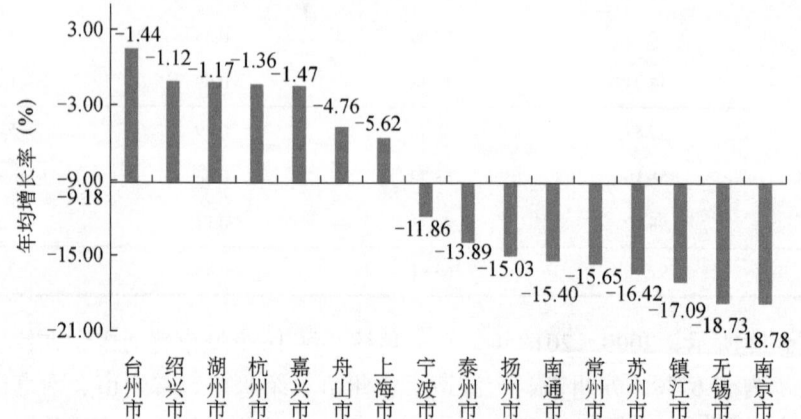

图 5-12 2008～2014年长三角核心区16个城市普通高中在校生数的年均增长率与总年均增长率比较

如图 5-13 所示，2000～2018 年，长三角核心区普通中学在校生数整体波动较大，从 2000 年的 428.07 万人增加到 2004 年的 498 万人，再逐年减少到 2015 年的 356.65 万人，而后再缓慢增加到 2018 年的 379 万人。其中，江苏地区普通中学在校生数在156.83万~249万人之间波动。浙江地区普通中学在校生数增幅不大，波动不明显，从2000年的153.49万人减少到2018年的149万人。上海市普通中学在校生数从2000年的79.54万人减少到2018年的59万人，在2004年时普通中学在校生数最多，达到84万人。从普通中学在校生数来看，江苏地区明显多于浙江地区，而上海市最少。

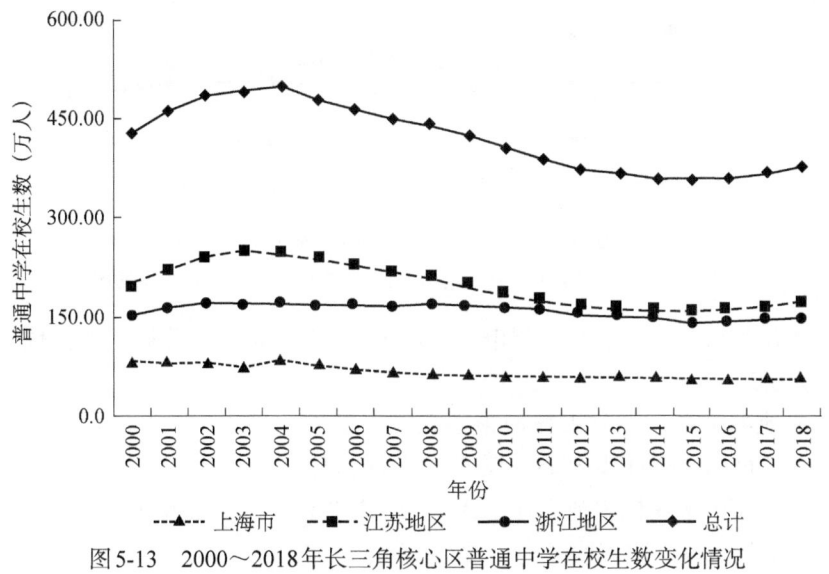

图5-13 2000~2018年长三角核心区普通中学在校生数变化情况

如图5-14所示，长三角核心区普通高中在校生数整体呈现减少的趋势，从2008年的297.46万人减少到2014年的166.91万人。其中，江苏地区普通高中在校生数降幅较大，从2008年的158.18万人减少到2014年的53.78万人。浙江地区普通高中在校生数降幅较小且波动不明显，从2008年的98.39万人减少到2014年的84.23万人。上海市普通高中在校生数从2008年的40.89万人逐年减少到2014年的28.90万人。从普通高中在校生数来看，前期江苏地区明显多于浙江地区，而上海市最少；但2014年，江苏地区普通高中在校生数锐减，浙江地区普通高中在校生数明显多于江苏地区。

5.3.3　从构成看特征

如表5-11所示，2018年，上海市普通中学在校生数占比最大，为15.57%，在

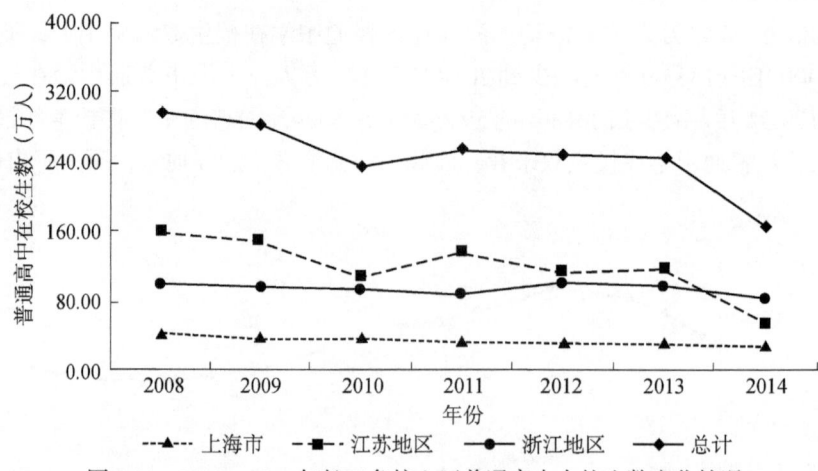

图 5-14　2008~2014 年长三角核心区普通高中在校生数变化情况

16 个城市中位列第一；其次是苏州市，占比为 9.50%；舟山市普通中学在校生数占比最小，仅为 0.79%。

从江苏地区来看，苏州市普通中学在校生数占比最大，为 9.50%；其次是南京市，占比为 6.60%；镇江市普通中学在校生数占比最小，为 2.64%。从浙江地区来看，杭州市普通中学在校生数占比最大，为 9.23%；其次是台州市，占比为 8.18%；舟山市普通中学在校生数占比最小，为 0.79%。

表 5-11　2000 年和 2018 年长三角核心区 16 个城市普通中学在校生数及其占比情况

地区	2000 年		2018 年	
	总数（万人）	占比（%）	总数（万人）	占比（%）
上海市	79.54	18.58	59	15.57
南京市	25.38	5.93	25	6.60
无锡市	24.86	5.81	23	6.07
常州市	18.23	4.26	18	4.75
苏州市	30.47	7.12	36	9.50
南通市	37.14	8.68	24	6.33
扬州市	19.99	4.67	18	4.75
泰州市	24.85	5.81	17	4.49
镇江市	14.12	3.30	10	2.64
杭州市	34.25	8.00	35	9.23

续表

地区	2000年		2018年	
	总数（万人）	占比（%）	总数（万人）	占比（%）
宁波市	27.98	6.54	30	7.92
嘉兴市	16.46	3.85	16	4.22
湖州市	12.92	3.02	11	2.90
绍兴市	22.84	5.34	23	6.07
舟山市	5.63	1.32	3	0.79
台州市	33.41	7.80	31	8.18
上海市	79.54	18.58	59	15.57
江苏地区	195.04	45.56	171	45.12
浙江地区	153.49	35.86	149	39.31
总计	428.07	100.00	379	100.00

如表5-12所示，2014年，上海市普通高中在校生数占比最大，为17.31%，在16个城市中位列第一；其次是杭州市，占比为13.34%。舟山市普通高中在校生数占比最小，仅为1.20%。

从江苏地区来看，南通市普通高中在校生数占比最大，为5.45%；其次是苏州市，占比为4.73%；镇江市普通高中在校生数占比最小，为2.04%。从浙江地区来看，杭州市普通高中在校生数占比最大，为13.34%；其次是台州市，普通高中在校生数占比为9.81%；舟山市普通高中在校生数占比最小，为1.20%。

表5-12 2008年和2014年长三角核心区16个城市普通高中在校生数及其占比情况

地区	2008年		2014年	
	总数（万人）	占比（%）	总数（万人）	占比（%）
上海市	40.89	13.75	28.90	17.31
南京市	27.00	9.08	7.75	4.64
无锡市	22.81	7.67	6.57	3.94
常州市	14.80	4.98	5.33	3.19
苏州市	23.15	7.78	7.89	4.73
南通市	24.79	8.33	9.09	5.45
扬州市	18.73	6.30	7.05	4.22
泰州市	16.43	5.52	6.70	4.01

续表

地区	2008年		2014年	
	总数（万人）	占比（%）	总数（万人）	占比（%）
镇江市	10.47	3.52	3.40	2.04
杭州市	24.16	8.12	22.26	13.34
宁波市	19.26	6.47	9.03	5.41
嘉兴市	12.32	4.14	11.27	6.75
湖州市	8.36	2.81	7.79	4.67
绍兴市	16.58	5.57	15.50	9.29
舟山市	2.68	0.90	2.00	1.20
台州市	15.03	5.05	16.38	9.81
上海市	40.89	13.75	28.90	17.31
江苏地区	158.18	53.18	53.78	32.22
浙江地区	98.39	33.08	84.23	50.46
总计	297.46	100.00	166.91	100.00

5.4　普通中学生师比

2000～2018年，长三角核心区16个城市普通中学生师比如表5-13所示。

表5-13　2000～2018年长三角核心区16个城市普通中学生师比

地区	2000年	2001年	2002年	2003年	2004年	2005年	2006年
上海市	15.89	15.92	15.57	14.75	16.38	15.05	13.86
南京市	13.99	15.44	16.25	16.19	15.38	14.44	13.48
无锡市	15.10	15.82	16.13	15.58	14.76	14.03	13.34
常州市	17.61	18.41	19.05	18.93	18.10	17.11	16.30
苏州市	16.02	16.31	16.47	15.83	14.86	13.94	13.35
南通市	16.47	18.03	18.70	18.34	17.55	16.81	16.06
扬州市	15.68	16.52	16.95	16.92	16.10	15.60	15.13
泰州市	16.74	17.37	18.00	17.94	16.97	16.19	15.28

续表

地区	2000年	2001年	2002年	2003年	2004年	2005年	2006年
镇江市	16.69	17.73	17.99	17.75	17.52	16.42	15.70
杭州市	17.77	17.42	17.12	16.73	15.71	14.94	14.51
宁波市	17.74	17.81	17.83	16.98	16.55	16.02	15.96
嘉兴市	18.70	18.63	17.74	16.86	16.88	16.66	16.38
湖州市	18.14	18.88	18.68	18.97	17.99	16.62	15.96
绍兴市	18.22	18.74	19.26	18.11	17.74	16.89	16.34
舟山市	16.01	16.07	15.66	17.16	14.58	14.43	13.61
台州市	18.92	18.62	17.88	17.23	15.99	14.95	14.56
长三角核心区	16.64	17.10	17.20	16.74	16.36	15.48	14.80

地区	2007年	2008年	2009年	2010年	2011年	2012年
上海市	12.78	12.28	11.95	11.71	11.58	11.40
南京市	12.59	12.30	11.71	11.14	10.60	10.37
无锡市	12.84	12.39	11.94	11.47	10.95	10.85
常州市	15.21	14.81	14.48	13.57	12.83	12.13
苏州市	12.76	12.10	11.32	10.77	10.38	10.10
南通市	15.40	15.10	14.07	12.52	11.83	10.95
扬州市	14.48	14.20	13.47	13.04	12.41	11.83
泰州市	14.52	13.79	12.53	11.74	10.77	9.98
镇江市	14.90	13.95	13.15	12.17	11.05	10.42
杭州市	14.37	14.24	13.81	13.24	12.75	12.25
宁波市	15.60	15.37	14.65	14.17	13.48	12.82
嘉兴市	16.47	16.30	15.60	14.73	13.71	12.98
湖州市	15.91	15.90	15.30	14.79	12.67	12.00
绍兴市	16.15	16.25	15.93	15.37	14.59	13.98
舟山市	12.79	12.32	11.74	11.40	9.84	9.51
台州市	14.78	14.85	14.45	14.23	13.98	13.10
长三角核心区	14.24	13.91	13.30	12.71	12.09	11.59

续表

地区	2013年	2014年	2015年	2016年	2017年	2018年
上海市	11.27	10.80	10.38	10.22	9.96	9.94
南京市	10.03	9.94	9.75	9.57	9.78	10.22
无锡市	10.82	10.79	10.60	11.00	10.80	11.00
常州市	11.81	11.61	11.63	12.09	11.72	12.01
苏州市	10.35	10.62	10.93	11.18	11.37	11.50
南通市	10.44	10.14	9.84	9.80	9.88	9.80
扬州市	11.35	11.08	10.85	10.93	11.13	11.10
泰州市	9.46	9.10	8.93	8.94	9.05	9.06
镇江市	9.97	9.67	9.52	9.91	9.89	9.89
杭州市	11.95	11.57	11.26	11.19	11.12	11.07
宁波市	12.32	12.02	11.70	11.88	12.02	12.19
嘉兴市	12.38	11.78	11.24	11.06	10.99	11.04
湖州市	12.46	12.11	11.54	10.89	10.85	10.86
绍兴市	13.75	13.43	12.76	12.22	11.83	11.76
舟山市	10.57	10.33	9.96	9.23	9.38	7.83
台州市	13.97	12.66	11.99	11.55	12.20	13.33
长三角核心区	11.42	11.09	10.81	10.76	10.78	10.89

5.4.1 从数字看态势

如图5-15所示，2018年，长三角核心区普通中学生师比平均值为10.89，湖州市、南京市、上海市、镇江市、南通市、泰州市和舟山市等7个城市的普通中学生师比低于平均水平。台州市普通中学生师比最高，为13.33；舟山市普通中学生师比最低，为7.83。

如图5-16所示，2000~2018年，长三角核心区16个城市普通中学生师比均整体呈现降低趋势。其中，2000~2010年的降低幅度较大，2010~2018年的降低幅度较小。

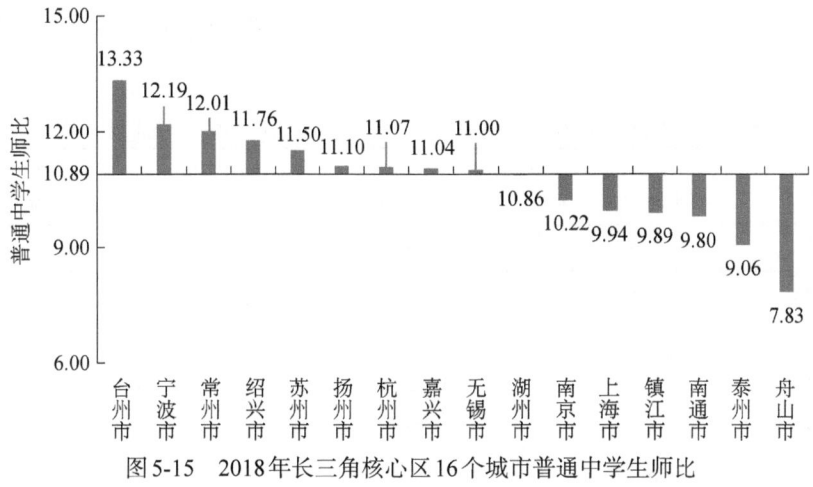

图5-15 2018年长三角核心区16个城市普通中学生师比

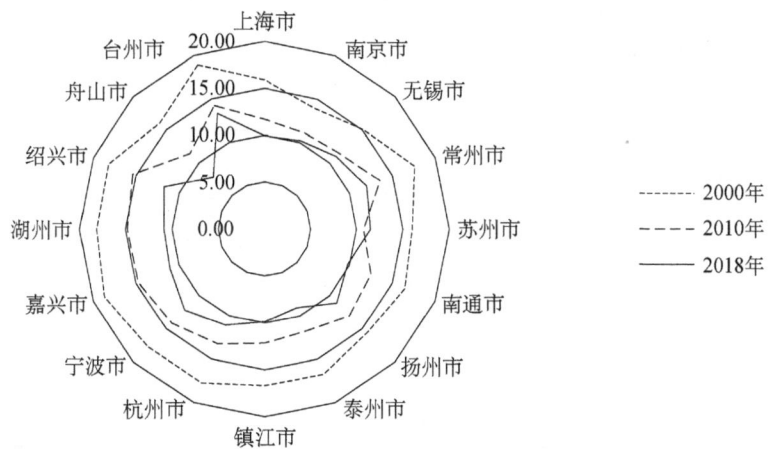

图5-16 2000年、2010年和2018年长三角核心区16个城市普通中学生师比比较

5.4.2 从增速看发展

如表5-14所示，长三角核心区2000年的普通中学生师比为16.64，2018年降低至10.89，增幅为-0.35倍，年均增长率为-2.33%。其中，舟山市的增幅（-0.51倍）最小，南京市增幅（-0.27倍）最大。

分地区来看，2000年，上海市普通中学生师比最低，为15.89；而浙江地区普通中学生师比最高，为18.13。2018年，上海市普通中学生师比仍然最低，为9.94；浙江地区普通中学生师比仍是最高，为11.69。

表5-14　2000~2018年长三角核心区16个城市普通中学生师比增长情况

地区	2000年普通中学生师比	2018年普通中学生师比	2000~2018年增幅（倍）	2000~2018年年均增长率（%）
上海市	15.89	9.94	-0.37	-2.57
南京市	13.99	10.22	-0.27	-1.73
无锡市	15.10	11.00	-0.27	-1.74
常州市	17.61	12.01	-0.32	-2.10
苏州市	16.02	11.50	-0.28	-1.82
南通市	16.47	9.80	-0.40	-2.84
扬州市	15.68	11.10	-0.29	-1.90
泰州市	16.74	9.06	-0.46	-3.35
镇江市	16.69	9.89	-0.41	-2.87
杭州市	17.77	11.07	-0.38	-2.60
宁波市	17.74	12.19	-0.31	-2.06
嘉兴市	18.70	11.04	-0.41	-2.89
湖州市	18.14	10.86	-0.40	-2.81
绍兴市	18.22	11.76	-0.35	-2.40
舟山市	16.01	7.83	-0.51	-3.90
台州市	18.92	13.33	-0.30	-1.93
上海市	15.89	9.94	-0.37	-2.57
江苏地区	15.91	10.61	-0.33	-2.23
浙江地区	18.13	11.69	-0.36	-2.41
总计	16.64	10.89	-0.35	-2.33

如图5-17所示，2000~2018年，长三角核心区16个城市普通中学生师比的总年均增长率为-2.33%，南京市、无锡市、苏州市、扬州市、台州市、宁波市和常州市等7个城市普通中学生师比的年均增长率高于总年均增长率。南京市的年均增长率最高，为-1.73%；舟山市的年均增长率最低，为-3.90%。

5 普通中学

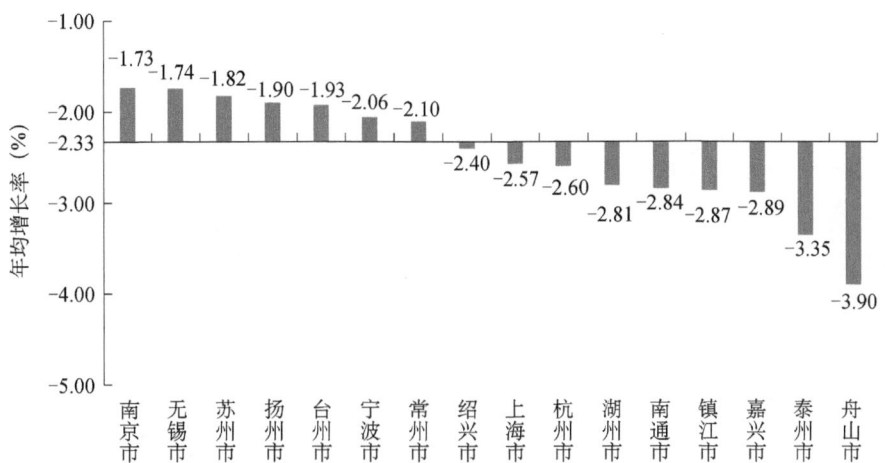

图5-17 2000~2018年长三角核心区16个城市普通中学生师比的年均增长率与总年均增长率比较

由图5-18可知，2000~2018年长三角核心区整体普通中学生师比下降趋势较为明显。上海市普通中学生师比于2004年达到峰值，2004年之后呈现逐年减少的趋势。江苏地区从2000年逐年增加，于2003年达到峰值，之后呈递减趋势。浙江地区普通中学生师比在2000~2018年下降趋势最为明显。上海市普通中学生师比总体低于其他两地区，浙江地区普通中学生师比最大，但与江苏地区相比差距不大。

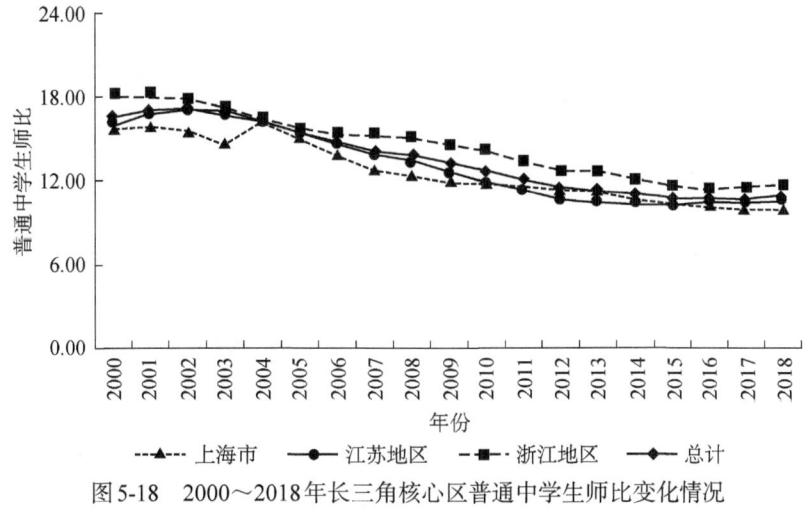

图5-18 2000~2018年长三角核心区普通中学生师比变化情况

6 普通小学

6.1 普通小学数

小学是基础教育的重要组成部分，具有全民性、义务性和全面性的特征。2000～2018年，长三角核心区16个城市的普通小学数如表6-1所示。

表6-1 2000～2018年长三角核心区16个城市普通小学数 （单位：所）

城市	2000年	2001年	2002年	2003年	2004年	2005年	2006年
上海市	1 021	852	751	686	648	640	626
南京市	1 100	933	743	538	450	419	385
常州市	581	498	450	327	307	284	252
南通市	1 610	1 189	1 024	765	678	529	516
苏州市	980	776	678	550	488	452	397
泰州市	1 439	931	844	595	484	438	391
无锡市	986	821	680	488	411	371	303
扬州市	951	744	679	472	408	364	346
镇江市	770	453	392	311	242	219	194
杭州市	1 659	1 354	1 197	1 044	897	791	605
湖州市	678	515	392	343	290	262	223
嘉兴市	722	610	559	526	456	391	323
宁波市	1 066	964	901	790	719	692	647
绍兴市	1 027	884	795	729	686	624	590
台州市	1 134	977	914	843	794	749	729
舟山市	170	145	126	101	91	82	75
总计	15 894	12 646	11 125	9 108	8 049	7 307	6 602
城市	2007年	2008年	2009年	2010年	2011年	2012年	
上海市	615	672	751	766	764	761	
南京市	374	355	347	345	344	345	
常州市	234	221	206	190	186	187	
南通市	482	424	382	347	340	334	

6 普通小学

续表

城市	2007年	2008年	2009年	2010年	2011年	2012年
苏州市	344	337	334	320	306	305
泰州市	349	216	166	151	139	137
无锡市	258	229	223	208	207	192
扬州市	319	279	271	226	220	215
镇江市	190	145	138	130	129	122
杭州市	437	418	417	408	409	415
湖州市	185	167	150	141	133	136
嘉兴市	257	233	225	215	204	192
宁波市	621	564	536	513	490	476
绍兴市	531	498	471	452	416	405
台州市	678	600	575	561	560	502
舟山市	68	64	62	61	62	61
总计	5 942	5 422	5 254	5 034	4 909	4 785
城市	2013年	2014年	2015年	2016年	2017年	2018年
上海市	759	757	764	753	741	721
南京市	339	346	350	346	349	360
常州市	182	187	201	201	211	216
南通市	321	321	322	322	325	324
苏州市	304	383	387	391	400	420
泰州市	141	158	156	149	146	138
无锡市	194	185	197	197	202	203
扬州市	207	208	205	203	206	208
镇江市	114	113	113	111	108	113
杭州市	419	421	443	447	458	478
湖州市	130	128	129	126	127	128
嘉兴市	161	170	154	146	146	147
宁波市	465	457	448	444	440	433
绍兴市	373	359	369	343	335	330
台州市	356	343	329	346	352	360
舟山市	57	58	57	56	57	57
总计	4 522	4 594	4 624	4 581	4 603	4 636

6.1.1 从数字看态势

如图6-1所示，2018年，长三角核心区16个城市普通小学数的平均值为290所，上海市、杭州市、宁波市、苏州市、南京市、台州市、绍兴市和南通市等8个城市普通小学数超过平均值。其中，上海市普通小学数远超其他城市，为721所；其次是杭州市，为478所；宁波市有433所，居第三位。舟山市普通小学数最少，仅为57所，与上海市普通小学数的差距高达664所。

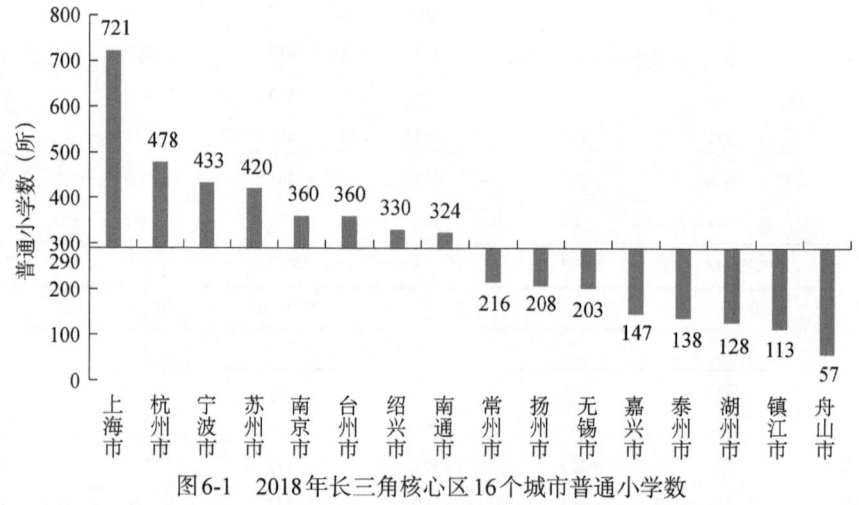

图6-1 2018年长三角核心区16个城市普通小学数

如图6-2所示，长三角核心区16个城市的普通小学数均处于下降状态。尤其是在2000～2010年，各城市普通小学数急剧减少，到2010年后下降速度有所放缓。2018年，上海市、杭州市、宁波市、苏州市、南京市和台州市6个城市的普通小学数居长三角核心区前六位。

6.1.2 从增速看发展

如表6-2所示，2018年，长三角核心区各城市普通小学数较2000年均有所下降。2018年，江苏地区普通小学数增幅最低，为-0.76倍；其中，泰州市增幅最低，为-0.90倍，苏州市增幅最高，为-0.57倍。浙江地区普通小学数增幅为-0.70倍，其中，

6 普通小学

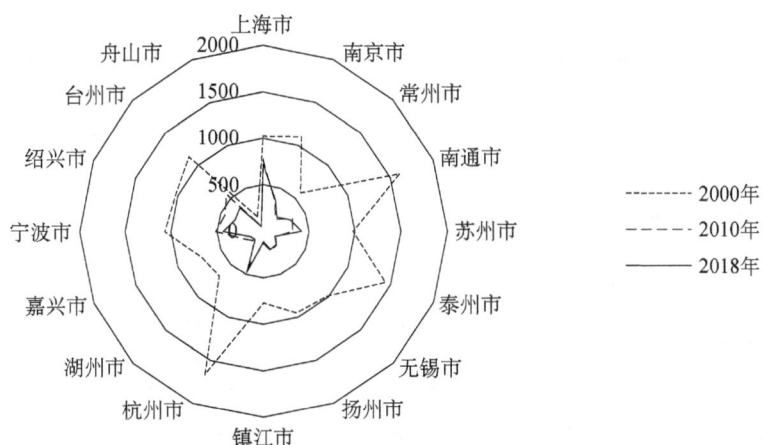

图6-2 2000年、2010年和2018年长三角核心区16个城市普通小学数比较（单位：所）

湖州市的增幅最低，为-0.81倍；上海市普通小学数下降最少，增幅为-0.29倍。从各城市年均增长率来看，上海市普通小学数的年均增长率最高，为-1.91%，泰州市的年均增长率最低，为-12.21%。从地区来看，江苏地区普通小学数变化最为明显。

表6-2　2000~2018年长三角核心区16个城市普通小学数增长情况

地区	2000年总数（所）	2018年总数（所）	2000~2018年增幅（倍）	2000~2018年年均增长率（%）
上海市	1 021	721	-0.29	-1.91
南京市	1 100	360	-0.67	-6.02
常州市	581	216	-0.63	-5.35
南通市	1 610	324	-0.80	-8.52
苏州市	980	420	-0.57	-4.60
泰州市	1 439	138	-0.90	-12.21
无锡市	986	203	-0.79	-8.41
扬州市	951	208	-0.78	-8.10
镇江市	770	113	-0.85	-10.11
杭州市	1 659	478	-0.71	-6.68
湖州市	678	128	-0.81	-8.85
嘉兴市	722	147	-0.80	-8.46
宁波市	1 066	433	-0.59	-4.88
绍兴市	1 027	330	-0.68	-6.11

续表

地区	2000年总数（所）	2018年总数（所）	2000~2018年增幅（倍）	2000~2018年年均增长率（%）
台州市	1 134	360	-0.68	-6.18
舟山市	170	57	-0.66	-5.89
上海市	1 021	721	-0.29	-1.91
江苏地区	8 417	1 982	-0.76	-7.72
浙江地区	6 456	1 933	-0.70	-6.48
总计	15 894	4 636	-0.71	-6.62

如图6-3所示，2000~2018年，长三角核心区16个城市普通小学数的总年均增长率为-6.62%，上海市、苏州市、宁波市、常州市、舟山市、南京市、绍兴市和台州市等8个城市普通小学数的年均增长率高于总年均增长率。其中，上海市普通小学数的年均增长率最高，为-1.91%。泰州市普通小学数的年均增长率最低，为-12.21%。

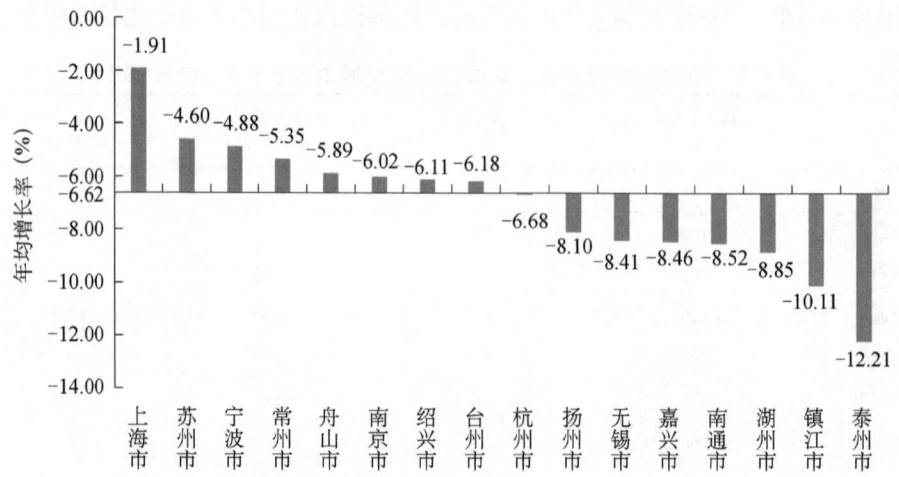

图6-3　2000~2018年长三角核心区16个城市普通小学数的年均增长率与总年均增长率比较

如图6-4所示，2000~2018年，长三角核心区的普通小学数整体呈现下降态势。具体来看，上海市、江苏地区和浙江地区的普通小学数下降趋势存在明显差异，其中江苏地区的下降趋势最为明显，上海市的下降幅度相对较小。上海市的普通小学数始终保持最低，浙江地区普通小学数自2003年开始超过江苏地区；2008年后，两个地区普通小学数一直处于相近的状态。2010年前后，各地区普通小学数下降速度逐渐放缓并趋于稳定。

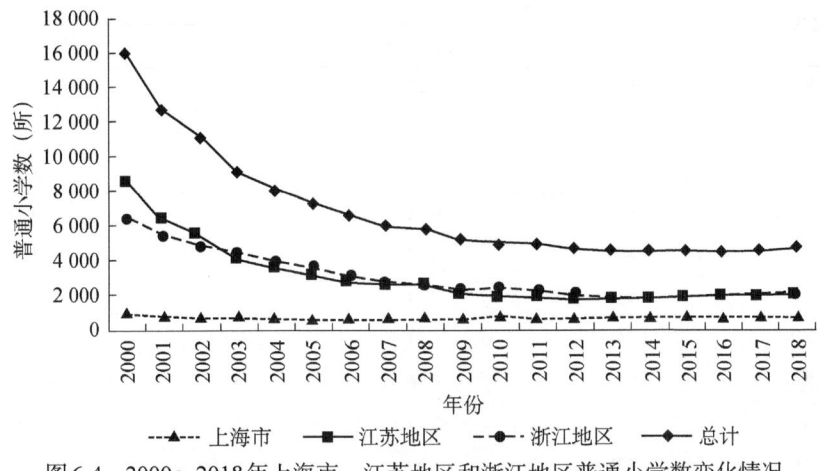

图6-4 2000～2018年上海市、江苏地区和浙江地区普通小学数变化情况

6.1.3 从构成看特征

如表6-3所示,2018年,长三角核心区共有普通小学4636所。其中,上海市为721所,占长三角核心区总数的15.55%;江苏地区为1982所,占比为42.75%;浙江地区为1933所,占比为41.70%。长三角核心区16个城市中,上海市、杭州市和宁波市分别以721所、478所和433所居前三位。江苏地区普通小学数占长三角核心区总数的近一半,其中苏州市有普通小学420所且占比最高,达到9.06%。

表6-3 2000年和2018年长三角核心区16个城市普通小学数及其占比情况

地区	2000年		2018年	
	总数（所）	占比（%）	总数（所）	占比（%）
上海市	1 021	6.42	721	15.55
南京市	1 100	6.92	360	7.77
常州市	581	3.66	216	4.66
南通市	1 610	10.13	324	6.99
苏州市	980	6.17	420	9.06
泰州市	1 439	9.05	138	2.98

续表

地区	2000年		2018年	
	总数（所）	占比（%）	总数（所）	占比（%）
无锡市	986	6.20	203	4.38
扬州市	951	5.98	208	4.49
镇江市	770	4.84	113	2.44
杭州市	1 659	10.44	478	10.31
湖州市	678	4.27	128	2.76
嘉兴市	722	4.54	147	3.17
宁波市	1 066	6.71	433	9.34
绍兴市	1 027	6.46	330	7.12
台州市	1 134	7.13	360	7.77
舟山市	170	1.07	57	1.23
上海市	1 021	6.42	721	15.55
江苏地区	8 417	52.96	1 982	42.75
浙江地区	6 456	40.62	1 933	41.70
总计	15 894	100.00	4 636	100.00

6.2 普通小学专任教师数

普通小学专任教师是指在普通小学中，具备教师资格、专门从事教学工作的人员，普通小学专任教师是小学教师队伍的核心力量。2000~2018年，长三角核心区16个城市普通小学专任教师数如表6-4所示。

表6-4 2000~2018年长三角核心区16个城市普通小学专任教师数

（单位：人）

城市	2000年	2001年	2002年	2003年	2004年	2005年	2006年
上海市	44 316	42 331	40 649	38 824	37 545	37 407	37 500
南京市	21 957	21 583	20 959	20 454	20 369	20 153	20 367
常州市	13 001	12 682	12 358	11 636	11 622	11 443	11 397

续表

城市	2000年	2001年	2002年	2003年	2004年	2005年	2006年
南通市	25 214	23 875	22 938	22 670	21 919	21 705	21 185
苏州市	21 122	21 181	20 893	20 671	20 821	20 851	20 909
泰州市	17 440	17 642	17 120	16 365	16 238	15 896	15 811
无锡市	18 041	17 934	17 519	17 318	17 298	17 546	17 666
扬州市	17 660	17 748	17 034	16 673	16 011	15 341	14 977
镇江市	10 984	10 459	10 046	9 470	8 945	8 689	8 489
杭州市	23 876	23 179	23 138	22 955	23 066	23 541	23 848
湖州市	8 759	8 530	8 498	8 284	8 744	8 654	8 935
嘉兴市	11 619	11 734	11 854	11 848	11 862	11 943	11 981
宁波市	17 740	17 800	18 241	18 490	19 302	19 936	20 171
绍兴市	14 551	14 794	14 615	14 404	14 467	14 527	14 550
台州市	18 809	18 797	18 449	18 364	18 353	18 782	19 209
舟山市	3 785	3 502	3 537	3 167	3 126	3 098	3 113
总计	288 874	283 771	277 848	271 593	269 688	269 512	270 108

城市	2007年	2008年	2009年	2010年	2011年	2012年
上海市	38 451	40 964	44 278	55 843	46 254	48 066
南京市	19 507	19 027	19 327	19 607	20 010	20 235
常州市	11 634	11 812	11 876	11 896	11 880	12 257
南通市	20 699	19 809	19 444	19 082	18 558	19 546
苏州市	21 353	21 969	22 668	23 375	24 555	25 656
泰州市	15 941	15 840	15 814	14 951	14 984	14 650
无锡市	17 882	17 938	17 930	17 731	17 797	18 214
扬州市	14 477	13 508	13 631	13 579	13 507	13 513
镇江市	8 366	8 279	8 300	8 179	8 297	8 778
杭州市	24 251	24 723	25 242	25 709	26 395	27 777
湖州市	8 914	8 860	8 874	8 752	8 543	8 533
嘉兴市	12 132	12 115	12 054	12 027	12 166	11 129
宁波市	20 556	20 864	21 184	21 577	22 265	23 139
绍兴市	14 646	14 548	14 625	14 764	14 837	15 278
台州市	19 530	19 928	20 319	20 510	20 716	20 116

续表

城市	2007年	2008年	2009年	2010年	2011年	2012年
舟山市	3 053	3 035	3 199	3 230	3 221	3 248
总计	271 392	273 219	278 765	290 812	283 985	290 135
城市	2013年	2014年	2015年	2016年	2017年	2018年
上海市	49 772	51 481	52 321	53 389	54 697	56 803
南京市	20 761	21 823	22 474	23 644	25 171	27 542
常州市	12 689	13 053	13 701	14 173	14 924	15 985
南通市	19 552	19 289	19 347	19 636	19 947	20 793
苏州市	26 619	31 985	33 969	35 770	38 240	41 868
泰州市	14 760	14 560	14 084	14 108	13 791	13 867
无锡市	19 108	19 483	19 312	20 119	20 941	21 652
扬州市	13 679	13 536	13 454	13 593	13 510	13 369
镇江市	9 077	9 255	9 385	9 632	9 782	9 885
杭州市	28 949	30 139	31 280	32 549	34 150	35 793
湖州市	8 558	8 556	8 607	8 800	9 079	9 248
嘉兴市	11 205	13 738	13 915	14 237	14 612	15 043
宁波市	24 025	24 916	25 357	26 171	27 037	27 880
绍兴市	15 632	15 647	15 714	15 718	15 863	16 043
台州市	21 398	21 318	20 536	20 902	21 714	24 698
舟山市	3 285	3 362	3 412	3 546	3 521	3 075
总计	299 069	312 141	316 868	325 987	336 979	353 544

6.2.1 从数字看态势

如图6-5所示，2018年，长三角核心区16个城市普通小学专任教师数平均值为22 097人，上海市、苏州市、杭州市、宁波市、南京市和台州市等6个城市普通小学专任教师数高于平均值。其中，上海市普通小学专任教师数最高，为56 803人；其次是苏州市，为41 868人；杭州市为35 793人，位居第三。舟山市普通小学专任教师数最少，仅为3075人。

6 普通小学

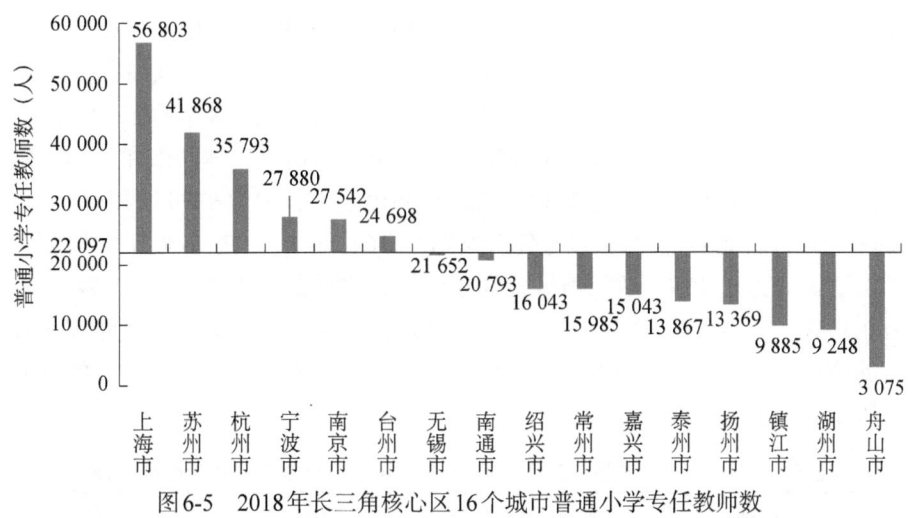

图6-5 2018年长三角核心区16个城市普通小学专任教师数

如图6-6所示,2000~2018年长三角核心区大部分城市普通小学专任教师数均呈现出增长的趋势,并且这种趋势在2010年后更加明显。2018年,上海市、苏州市、杭州市、宁波市、南京市和台州市普通小学专任教师数居长三角核心区前六位。

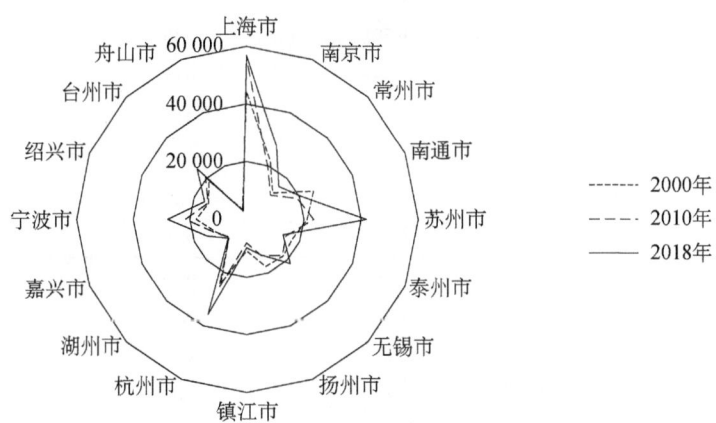

图6-6 2000年、2010年和2018年长三角核心区16个城市普通小学专任教师数比较(单位:人)

6.2.2 从增速看发展

如表6-5所示,长三角核心区普通小学专任教师数从2000年的288 874人增长至

2018年的353 544人,增幅为0.22倍,年均增长率为1.13%。其中,苏州市的增长幅度最大,从2000年的21 122人增长至2018年的41 868人,增幅为0.98倍,年均增长率为3.87%;其次为宁波市,从2000年的17 740人增长至2018年的27 880人,增幅为0.57倍,年均增长率为2.54%。南通市、泰州市、扬州市、镇江市和舟山市则呈现出负增长态势,其中扬州市的增幅和年均增长率最小,分别为-0.24倍和-1.53%。

2018年,江苏地区普通小学专任教师数为164 961人,较2000年的增幅为0.13倍,年均增长率为0.70%。浙江地区普通小学专任教师数为131 780人,较2000年的增幅为0.33倍,年均增长率为1.59%。上海市普通小学专任教师数为56 803人,较2000年的增幅为0.28倍,年均增长率为1.39%。总体来说,长三角核心区的普通小学专任教师数有小幅度的增长。

表6-5 2000~2018年长三角核心区16个城市普通小学专任教师数增长情况

地区	2000年总数（所）	2018年总数（所）	2000~2018年增幅（倍）	2000~2018年年均增长率（%）
上海市	44 316	56 803	0.28	1.39
南京市	21 957	27 542	0.25	1.27
常州市	13 001	15 985	0.23	1.15
南通市	25 214	20 793	-0.18	-1.07
苏州市	21 122	41 868	0.98	3.87
泰州市	17 440	13 867	-0.20	-1.27
无锡市	18 041	21 652	0.20	1.02
扬州市	17 660	13 369	-0.24	-1.53
镇江市	10 984	9 885	-0.10	-0.58
杭州市	23 876	35 793	0.50	2.27
湖州市	8 759	9 248	0.06	0.30
嘉兴市	11 619	15 043	0.29	1.45
宁波市	17 740	27 880	0.57	2.54
绍兴市	14 551	16 043	0.10	0.54
台州市	18 809	24 698	0.31	1.52
舟山市	3 785	3 075	-0.19	-1.15
上海市	44 316	56 803	0.28	1.39
江苏地区	145 419	164 961	0.13	0.70
浙江地区	99 139	131 780	0.33	1.59
总计	288 874	353 544	0.22	1.13

如图6-7所示，2000~2018年，长三角核心区16个城市普通小学专任教师数的总年均增长率为1.13%，苏州市、宁波市、杭州市、台州市、嘉兴市、上海市、南京市和常州市等8个城市普通小学专任教师数的年均增长率高于总年均增长率。其中，苏州市年均增长率最高，为3.87%；扬州市年均增长率最低，为-1.53%。

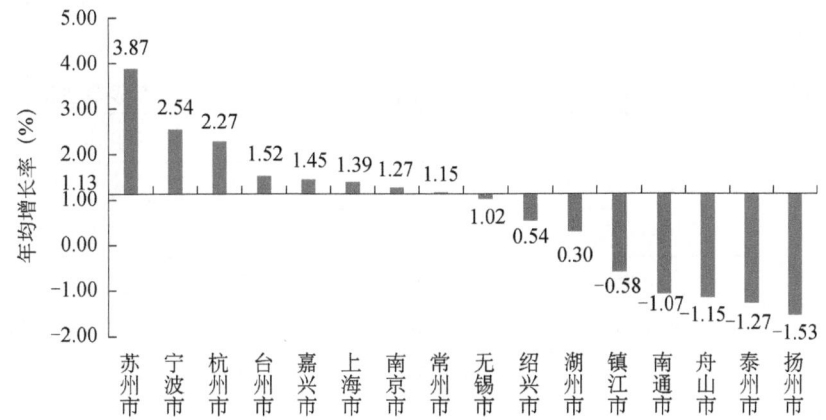

图6-7　2000~2018年长三角核心区16个城市普通小学专任教师数的年均增长率与总年均增长率比较

如图6-8所示，2000~2018年，长三角核心区普通小学专任教师数整体上呈现上升的趋势。就普通小学专任教师数而言，江苏地区始终高于其他两个地区，而上海市普通小学专任教师数则一直最少。

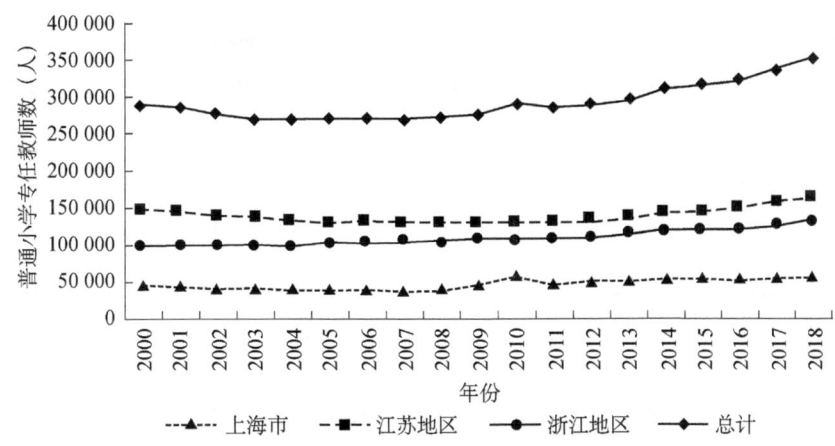

图6-8　2000~2018年上海市、江苏地区和浙江地区普通小学专任教师数变化情况

6.2.3 从构成看特征

如表6-6所示，2018年，上海市、苏州市和杭州市的普通小学专任教师数最多，所占比例分别为16.07%、11.84%和10.12%；舟山市的普通小学专任教师数最少，所占比例不足1%，仅占0.87%，其次是湖州市，仅占2.62%。

表6-6 2000年和2018年长三角核心区16个城市普通小学专任教师数及其占比情况

地区	2000年		2018年	
	总数（人）	占比（%）	总数（人）	占比（%）
上海市	44 316	15.34	56 803	16.07
南京市	21 957	7.60	27 542	7.79
常州市	13 001	4.50	15 985	4.52
南通市	25 214	8.73	20 793	5.88
苏州市	21 122	7.31	41 868	11.84
泰州市	17 440	6.04	13 867	3.92
无锡市	18 041	6.25	21 652	6.12
扬州市	17 660	6.11	13 369	3.78
镇江市	10 984	3.80	9 885	2.80
杭州市	23 876	8.27	35 793	10.12
湖州市	8 759	3.03	9 248	2.62
嘉兴市	11 619	4.02	15 043	4.25
宁波市	17 740	6.14	27 880	7.89
绍兴市	14 551	5.04	16 043	4.54
台州市	18 809	6.51	24 698	6.99
舟山市	3 785	1.31	3 075	0.87
上海市	44 316	15.34	56 803	16.07
江苏地区	145 419	50.34	164 961	46.66
浙江地区	99 139	34.32	131 780	37.27
总计	288 874	100.00	353 544	100.00

6.3 普通小学在校生数

2000~2018年，长三角核心区16个城市普通小学在校生数如表6-7所示。

表6-7 2000~2018年长三角核心区16个城市普通小学在校生数

（单位：万人）

城市	2000年	2001年	2002年	2003年	2004年	2005年	2006年
上海市	78.86	72.28	67.24	65	54	53.50	53.37
南京市	45.41	42.30	38.87	35	32	30.51	30.25
常州市	30.01	28.77	27.38	26	26	24.46	23.49
南通市	61.74	58.78	54.38	50	47	43.53	40.15
苏州市	44.84	42.91	40.02	38	37	35.99	35.15
泰州市	44.25	42.14	38.84	35	32	29.07	27.08
无锡市	39.14	37.11	34.78	33	32	31.77	31.47
扬州市	37.51	36.08	33.39	31	29	26.57	25.18
镇江市	22.46	21.35	19.75	18	17	15.88	14.99
杭州市	48.57	45.80	45.65	45	45	45.89	45.95
湖州市	21.60	20.71	20.15	19	19	18.25	18.35
嘉兴市	27.12	27.23	28.04	28	28	26.60	25.46
宁波市	42.40	42.24	44.55	45	48	47.60	47.38
绍兴市	34.81	34.08	34.00	34	34	33.28	32.63
台州市	37.05	35.45	35.33	36	38	38.75	39.71
舟山市	6.71	6.07	5.62	5	5	5.01	4.94
总计	622.48	593.30	567.99	543	523	506.66	495.55
城市	2007年	2008年	2009年	2010年	2011年	2012年	
上海市	53.33	59.06	67.12	70.16	73.11	76.04	
南京市	29.07	28.56	28.32	28.83	30.07	30.72	
常州市	22.98	22.42	21.68	22.15	22.90	23.43	
南通市	36.79	34.36	32.81	32.32	32.22	31.76	

续表

城市	2007年	2008年	2009年	2010年	2011年	2012年
苏州市	35.46	36.38	37.02	38.84	41.50	44.04
泰州市	25.11	23.52	22.66	22.53	22.69	22.20
无锡市	31.20	30.88	30.32	30.62	31.74	31.94
扬州市	24.05	23.42	22.93	22.74	22.72	22.44
镇江市	14.16	13.46	12.90	12.93	13.09	13.19
杭州市	45.62	45.21	44.51	45.39	46.63	47.26
湖州市	17.90	17.20	16.31	16.01	16.16	15.69
嘉兴市	24.77	23.63	22.48	22.55	23.38	23.10
宁波市	47.15	46.80	45.03	46.19	47.61	47.88
绍兴市	32.01	30.98	30.02	30.04	30.38	30.24
台州市	40.62	41.18	41.08	43.05	46.23	47.32
舟山市	4.88	4.82	4.69	4.72	4.67	4.66
总计	485.10	481.88	479.88	489.07	505.10	511.91

城市	2013年	2014年	2015年	2016年	2017年	2018年
上海市	79.25	80.30	79.87	79	78	80
南京市	32.14	33.93	35.80	38	39	42
常州市	24.36	25.33	27.37	28	29	30
南通市	31.82	32.04	32.56	33	33	35
苏州市	47.24	60.63	65.07	69	73	78
泰州市	22.04	21.94	22.15	22	22	23
无锡市	32.53	33.62	34.84	36	37	40
扬州市	22.06	21.88	21.63	21	21	21
镇江市	13.44	13.76	14.13	14	15	15
杭州市	48.35	50.27	52.45	54	56	59
湖州市	15.67	15.61	15.58	16	16	17
嘉兴市	22.68	24.54	24.58	25	25	26
宁波市	48.70	48.26	48.02	48	48	49
绍兴市	29.96	28.86	27.73	26	26	26
台州市	47.94	48.16	48.09	47	45	45
舟山市	4.64	4.71	4.77	5	5	5
总计	522.82	543.84	554.64	561	568	591

6.3.1 从数字看态势

如图6-9所示,2018年长三角核心区16个城市普通小学在校生数平均值为36.94万人,上海市、苏州市、杭州市、宁波市、台州市、南京市和无锡市等7个城市普通小学在校生数高于平均值。其中,上海市普通小学在校生数最多,为80万人;其次是苏州市,为78万人;杭州市为59万人,位居第三。舟山市的普通小学在校生数最少,仅有5万人,不足长三角核心区平均值的1/7。

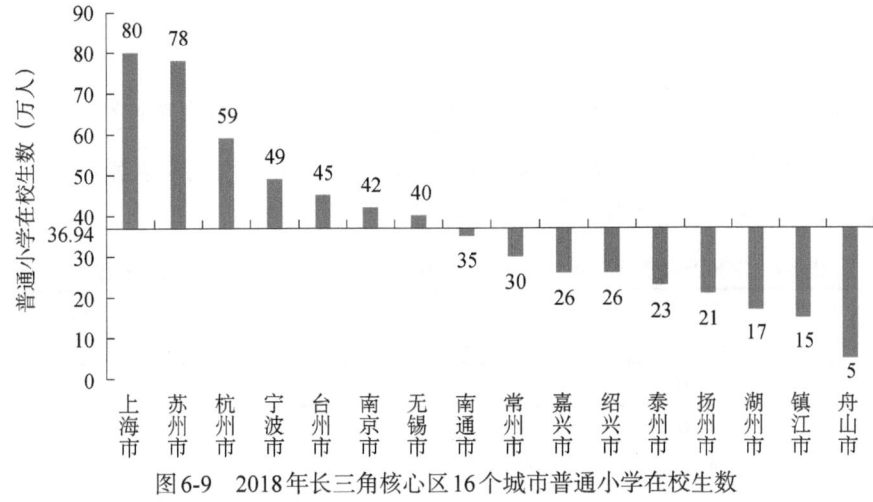

图6-9　2018年长三角核心区16个城市普通小学在校生数

如图6-10所示,2000~2018年,长三角核心区大部分城市的普通小学在校生数呈现出先缩小后扩张的趋势,其中2000~2010年的缩小趋势非常明显。2010年后,普通小学在校生数又开始扩张。2018年,上海市、苏州市、杭州市、宁波市、台州市和南京市的普通小学在校生数位居前六。

6.3.2 从增速看发展

如表6-8所示,长三角核心区普通小学在校生数由2000年的622.48万人下降至2018年的591万人,增幅为-0.05倍,年均增长率为-0.29%。其中,苏州市的增幅与年均增长率最高,分别为0.74倍、3.12%;其次为台州市和杭州市,两个城市的增幅

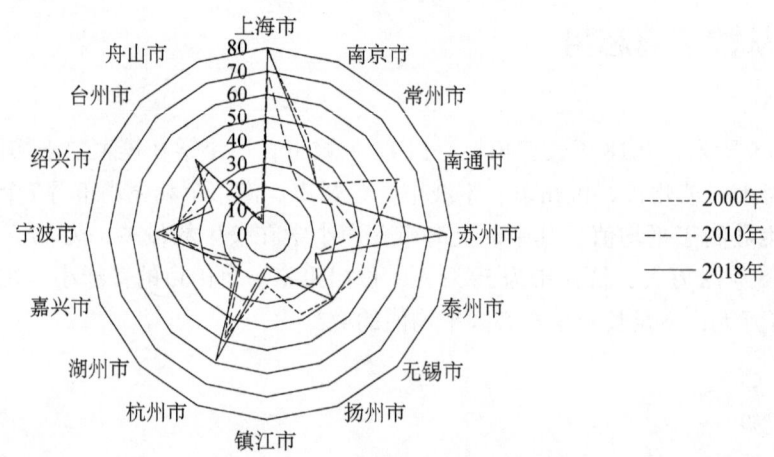

图6-10 2000年、2010年和2018年长三角核心区16个城市普通小学在校生数比较（单位：万人）

均为0.21倍，年均增长率均为1.09%。大部分城市普通小学在校生数都有所下降，其中泰州市的增幅和年均增长率最低，为-0.48倍和-3.57%。

表6-8 2000~2018年长三角核心区16个城市普通小学在校生数增长情况

地区	2000年总数（万人）	2018年总数（万人）	2000~2018年增幅（倍）	2000~2018年年均增长率（%）
上海市	78.86	80	0.01	0.08
南京市	45.41	42	-0.08	-0.43
常州市	30.01	30	0.00	0.00
南通市	61.74	35	-0.43	-3.10
苏州市	44.84	78	0.74	3.12
泰州市	44.25	23	-0.48	-3.57
无锡市	39.14	40	0.02	0.12
扬州市	37.51	21	-0.44	-3.17
镇江市	22.46	15	-0.33	-2.22
杭州市	48.57	59	0.21	1.09
湖州市	21.60	17	-0.21	-1.32
嘉兴市	27.12	26	-0.04	-0.23
宁波市	42.40	49	0.16	0.81
绍兴市	34.81	26	-0.25	-1.61
台州市	37.05	45	0.21	1.09

6 普通小学

续表

地区	2000年总数（万人）	2018年总数（万人）	2000～2018年增幅（倍）	2000～2018年年均增长率（%）
舟山市	6.71	5	−0.25	−1.62
上海市	78.86	80	0.01	0.08
江苏地区	325.36	284	−0.13	−0.75
浙江地区	218.26	227	0.04	0.22
总计	622.48	591	−0.05	−0.29

2018年，浙江地区普通小学在校生数为227万人，2000～2018年增幅和年均增长率在三地区中最高，分别为0.04倍和0.22%；上海市普通小学在校生数为80万人，增幅为0.01倍，年均增长率为0.08%；江苏地区普通小学在校生数则由2000年的325.36万人下降至2018年的284万人，增幅为−0.13倍，年均增长率为−0.75%。

如图6-11所示，2000～2018年，长三角核心区16个城市普通小学在校生数总年均增长率为−0.29%，苏州市、杭州市、台州市、宁波市、无锡市、上海市、常州市和嘉兴市等8个城市普通小学在校生数年均增长率高于总年均增长率。其中，苏州市年均增长率最高，为3.12%；泰州市年均增长率最低，为−3.57%。

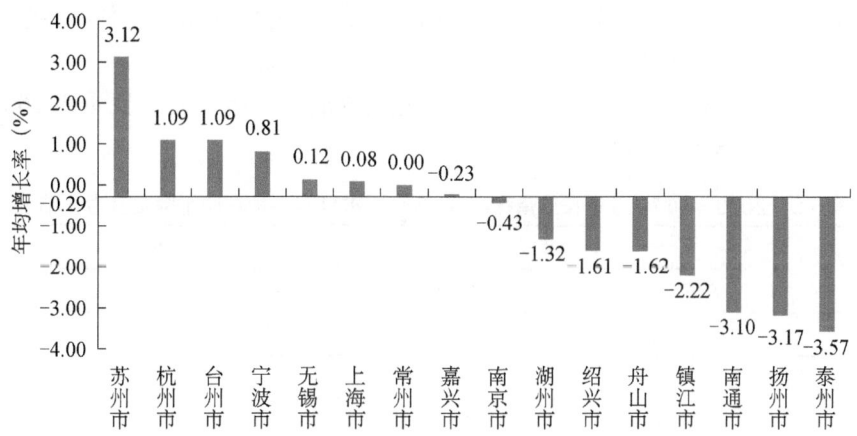

图6-11 2000～2018年长三角核心区16个城市普通小学在校生数年均增长率与总年均增长率比较

如图6-12所示，2000～2018年，长三角核心区普通小学在校生数整体呈先下降后上升的趋势，其中江苏地区变化幅度最为明显。就普通小学在校生数来看，江苏地区始终高于上海市和浙江地区，而上海市和浙江地区的普通小学在校生数一直较为稳定。

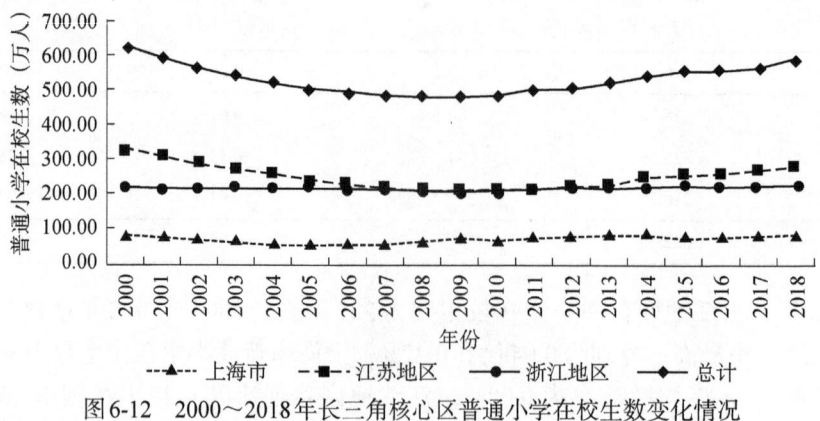

图 6-12　2000～2018 年长三角核心区普通小学在校生数变化情况

6.3.3　从构成看特征

如表 6-9 所示，2000 年，普通小学在校生数所占长三角核心区总数的比重超过 10% 的城市仅有上海市，达到 12.67%。到了 2018 年，除上海市占比依然超过 10%，达到 13.54% 外，苏州市占比也超过 10%，达到了 13.20%。

分地区来看，江苏地区的普通小学在校生数最多，但是所占比重由 2000 年的 52.27% 下降至 2018 年的 48.05%。

表 6-9　2000 年和 2018 年长三角核心区 16 个城市普通小学在校生数及其占比情况

地区	2000年		2018年	
	总数（万人）	占比（%）	总数（万人）	占比（%）
上海市	78.86	12.67	80	13.54
南京市	45.41	7.30	42	7.11
常州市	30.01	4.82	30	5.08
南通市	61.74	9.92	35	5.92
苏州市	44.84	7.20	78	13.20
泰州市	44.25	7.11	23	3.89
无锡市	39.14	6.29	40	6.77
扬州市	37.51	6.03	21	3.55

续表

地区	2000年		2018年	
	总数（万人）	占比（%）	总数（万人）	占比（%）
镇江市	22.46	3.61	15	2.54
杭州市	48.57	7.80	59	9.98
湖州市	21.60	3.47	17	2.88
嘉兴市	27.12	4.36	26	4.40
宁波市	42.40	6.81	49	8.29
绍兴市	34.81	5.59	26	4.40
台州市	37.05	5.95	45	7.61
舟山市	6.71	1.08	5	0.85
上海市	78.86	12.67	80	13.54
江苏地区	325.36	52.27	284	48.05
浙江地区	218.26	35.06	227	38.41
总计	622.48	100.00	591	100.00

6.4 普通小学生师比

2000~2018年，长三角核心区16个城市普通小学生师比如表6-10所示。

表6-10　2000~2018年长三角核心区16个城市普通小学生师比情况

地区	2000年	2001年	2002年	2003年	2004年	2005年	2006年
上海市	17.79	17.07	16.54	16.74	14.38	14.30	14.23
南京市	20.68	19.60	18.55	17.11	15.71	15.14	14.85
常州市	23.08	22.69	22.16	22.34	22.37	21.38	20.61
南通市	24.49	24.62	23.71	22.06	21.44	20.06	18.95
苏州市	21.23	20.26	19.15	18.38	17.77	17.26	16.81
泰州市	25.37	23.89	22.69	21.39	19.71	18.29	17.13
无锡市	21.70	20.69	19.85	19.06	18.50	18.11	17.81
扬州市	21.24	20.33	19.60	18.59	18.11	17.32	16.81

续表

地区	2000年	2001年	2002年	2003年	2004年	2005年	2006年
镇江市	20.45	20.41	19.66	19.01	19.01	18.28	17.66
杭州市	20.34	19.76	19.73	19.60	19.51	19.49	19.27
湖州市	24.66	24.28	23.71	22.94	21.73	21.09	20.54
嘉兴市	23.34	23.21	23.65	23.63	23.60	22.27	21.25
宁波市	23.90	23.73	24.42	24.34	24.87	23.88	23.49
绍兴市	23.92	23.04	23.26	23.60	23.50	22.91	22.43
台州市	19.70	18.86	19.15	19.60	20.71	20.63	20.67
舟山市	17.73	17.33	15.89	15.79	15.99	16.17	15.87
长三角核心区	21.55	20.91	20.44	19.99	19.39	18.80	18.35

地区	2007年	2008年	2009年	2010年	2011年	2012年
上海市	13.87	14.42	15.16	12.56	15.81	15.82
南京市	14.90	15.01	14.65	14.70	15.03	15.18
常州市	19.75	18.98	18.26	18.62	19.28	19.12
南通市	17.77	17.35	16.87	16.94	17.36	16.25
苏州市	16.61	16.56	16.33	16.62	16.90	17.17
泰州市	15.75	14.85	14.33	15.07	15.14	15.15
无锡市	17.45	17.21	16.91	17.27	17.83	17.54
扬州市	16.61	17.34	16.82	16.75	16.82	16.61
镇江市	16.93	16.26	15.54	15.81	15.78	15.03
杭州市	18.81	18.29	17.63	17.66	17.67	17.01
湖州市	20.08	19.41	18.38	18.29	18.92	18.39
嘉兴市	20.42	19.50	18.65	18.75	19.22	20.76
宁波市	22.94	22.43	21.26	21.41	21.38	20.69
绍兴市	21.86	21.30	20.53	20.35	20.48	19.79
台州市	20.80	20.66	20.22	20.99	22.32	23.52
舟山市	15.98	15.88	14.66	14.61	14.50	14.35
长三角核心区	17.87	17.64	17.21	16.82	17.79	17.64

续表

地区	2013年	2014年	2015年	2016年	2017年	2018年
上海市	15.92	15.60	15.27	14.80	14.26	14.08
南京市	15.48	15.55	15.93	16.07	15.49	15.25
常州市	19.20	19.41	19.98	19.76	19.43	18.77
南通市	16.27	16.61	16.83	16.81	16.54	16.83
苏州市	17.75	18.96	19.16	19.29	19.09	18.63
泰州市	14.93	15.07	15.73	15.59	15.95	16.59
无锡市	17.02	17.26	18.04	17.89	17.67	18.47
扬州市	16.13	16.16	16.08	15.45	15.54	15.71
镇江市	14.81	14.87	15.06	14.53	15.33	15.17
杭州市	16.70	16.68	16.77	16.59	16.40	16.48
湖州市	18.31	18.24	18.10	18.18	17.62	18.38
嘉兴市	20.24	17.86	17.66	17.56	17.11	17.28
宁波市	20.27	19.37	18.94	18.34	17.75	17.58
绍兴市	19.17	18.44	17.65	16.54	16.39	16.21
台州市	22.40	22.59	23.42	22.49	20.72	18.22
舟山市	14.12	14.01	13.98	14.10	14.20	16.26
长三角核心区	17.48	17.42	17.50	17.21	16.86	16.72

6.4.1 从数字看态势

图6-13显示，2018年长三角核心区16个城市普通小学生师比平均值为16.72，南通市、泰州市、杭州市、舟山市、绍兴市、扬州市、南京市、镇江市和上海市等9个城市的普通小学生师比低于总体生师比。其中，上海市普通小学生师比最低，为14.08；常州市普通小学生师比最高，为18.77。

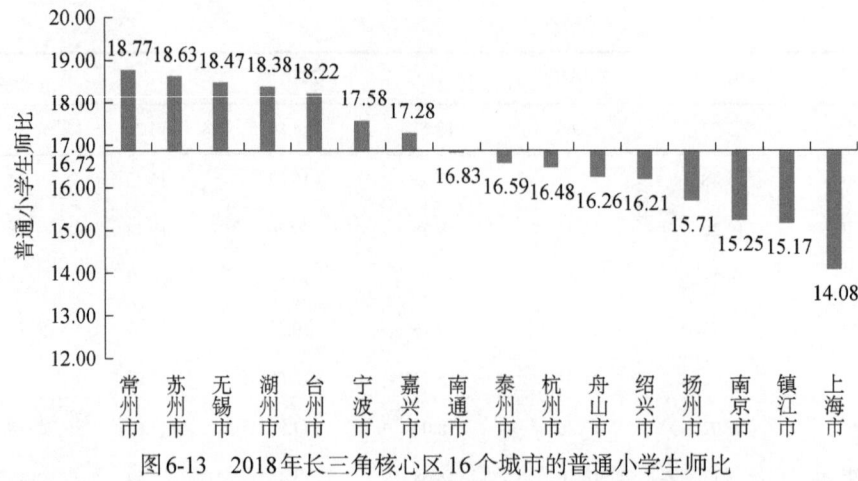

图6-13 2018年长三角核心区16个城市的普通小学生师比

如图6-14所示,2000～2010年,除台州市外,长三角核心区其他城市普通小学生师比均呈现出降低趋势;2010～2018年,除部分城市外,长三角核心区其他城市普通小学生师比呈现上升趋势。2018年,长三角核心区普通小学生师比较高的城市依次是常州市、苏州市、无锡市、湖州市、台州市和宁波市。

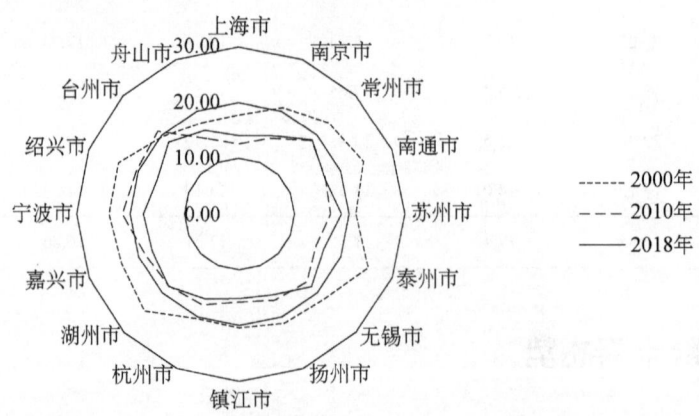

图6-14 2000年、2010年和2018年长三角核心区16个城市普通小学生师比比较

6.4.2 从增速看发展

如表6-11所示,长三角核心区2000年的普通小学生师比为21.55,2018年下降至

16.72，增幅为-0.22倍，年均增长率为-1.40%。长三角核心区16个城市的普通小学生师比都呈现出下降的态势。其中，泰州市的增幅和年均增长率最小，分别为-0.35倍和-2.33%；台州市的增幅和年均增长率最高，分别为-0.08倍和-0.43%。

分地区来看，2018年，上海市普通小学生师比为14.08，江苏地区为17.22，浙江地区为17.23。其中，2000~2018年江苏地区的增幅和年均增长率最小，分别为-0.23倍和-1.44%。

表6-11　2000~2018年长三角核心区16个城市普通小学生师比增长情况

地区	2000年普通小学生师比	2018年普通小学生师比	2000~2018年增幅（倍）	2000~2018年年均增长率（%）
上海市	17.79	14.08	-0.21	-1.29
南京市	20.68	15.25	-0.26	-1.68
常州市	23.08	18.77	-0.19	-1.14
南通市	24.49	16.83	-0.31	-2.06
苏州市	21.23	18.63	-0.12	-0.72
泰州市	25.37	16.59	-0.35	-2.33
无锡市	21.70	18.47	-0.15	-0.89
扬州市	21.24	15.71	-0.26	-1.66
镇江市	20.45	15.17	-0.26	-1.64
杭州市	20.34	16.48	-0.19	-1.16
湖州市	24.66	18.38	-0.25	-1.62
嘉兴市	23.34	17.28	-0.26	-1.66
宁波市	23.90	17.58	-0.26	-1.69
绍兴市	23.92	16.21	-0.32	-2.14
台州市	19.70	18.22	-0.08	-0.43
舟山市	17.73	16.26	-0.08	-0.48
上海市	17.79	14.08	-0.21	-1.29
江苏地区	22.37	17.22	-0.23	-1.44
浙江地区	22.02	17.23	-0.22	-1.35
总计	21.55	16.72	-0.22	-1.40

由图6-15可知，2000~2018年，长三角核心区普通小学生师比总体上呈下降趋势。江苏地区和浙江地区普通小学生师比整体上呈现降低趋势。从地区差距来看，

上海市普通小学生师比始终低于其他两地区，浙江地区普通小学生师比总体上高于其他两地区。

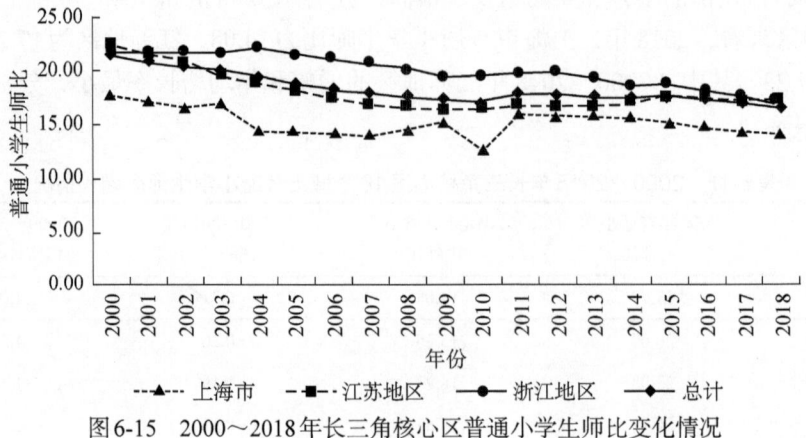

图6-15　2000~2018年长三角核心区普通小学生师比变化情况